청어산문선
008

동작골 노래꽃 피는 집

김상아 산문집

도서출판
청어

동작골 노래꽃 피는 집

김상아 지음

나는 아직도 꿈을 짭니다.
그 시작은 퍽 오래전입니다.

덜커덕 덜커덕
진외가와 우리는 가까이 살았습니다.
덜커덕 덜커덕 소리가 들려오면
나는 쪼르르 진외가로 달려갔습니다.
아마 서너 살 때였을 겁니다.

덜커덕 덜커덕
진외할머니는 한쪽 발을 못 쓰는 분이었습니다.
들일을 못 하는 대신 늘 길쌈을 했습니다.
나는 문지방에 턱 괴고 걸터앉아
씨줄 날줄 한 올 한 올 꿈이 짜이는 모습을 새겼습니다.

그때부터 나도 꿈을 짰습니다.
한 자 한 자 짜낸 또 한 필의 꿈을
포전布廛에 내놓습니다.

모두 아름다운 꿈 간직하시길…

2025년 서리 허연 날
동작골에서
김상아

차례

겨울

여름

그리고

노래꽃 피는 집

—김상아

그곳에 가려면
길을 알아야 한다

메뚜기 뛰노는 논둑길을 헤치고
미루나무 언덕을 올라
저수지를 끼고 가는 길 말고도
내가 걸어온 길
내가 걸어갈 길을
알아야 한다

그곳에 가려면
눈을 떠야 한다
여태 보았던 세상 말고도
사람 냄새를 기억하는 이라면
뭉게구름 내려앉은 듯
골 안 가득 들꽃 바다에 뜬
작은 섬을 만날 수 있다

그곳에서는 귀를 열어라

돌담집 지붕의 박새 지저귐과
귀뚜리 태엽 감는 소리 말고도
개울물 바닥으로 별 굴러가는 소리
바람으로 돌리는 턴테이블
꽃씨보다 많은 노래
가만가만 술 익는 소리
세월 물레질 소리

그대 잠들지 못하리
어쩌면 세상에 다시없을
그곳에서는

겨울

십이령 구빗길

—김상아

기러기 떼 지어 떠나던 동짓날 밤
행여 장닭이 깰까 하여
숨죽여 임 앞에 앉았습니다
임의 얼굴 산홋빛으로 물들이는
이 화롯불이 사글면
이제 기약 없는 이별입니다
첫 닭은 울지도 않았는데
시어머니 헛기침 소리 벌써 들려옵니다
차곡차곡 접어둔 얘기 첩은 펴보지도 못한 채
시어머니 죽으면 꼭 다시 만나자는
다짐만 재 속에 묻고
서둘러 싸리문을 나섰습니다
강물 얼음 째는 소리 새벽하늘을 가르고
새파란 바람은 젖무덤을 찌릅니다
보따리로 바람 침을 막으며
바람보다 앞서 달렸습니다
해가 중천에 오르고
헤진 버선에 배롱꽃이 피고서야
어느 도부쟁이[1] 무리 앞에 서 있다는 걸 알았습니다

언 밥 한 덩이 얻어먹은 연으로
맏도부쟁이 아낙이 되어
그동안 시름을 서른 단이나 묶었습니다
어느 까치 떼가 유난히 요란하던 날

임을 닮은 청년 하나가
탕약을 달이는 내 앞에 서 있었습니다
청년과 도부쟁이가 감나무 잎이 수북하도록
얘기를 털어낸 이튿날 아침
씨받이가 낳았다는 임의 아들을 따라
십이령 마루에 오르니
도부쟁이 영감 들숨 쇳소리 예까지 들립니다

1) 도부쟁이: 보부상의 낮춤말.

됫박 막걸리

그는 해방촌만 그렸다
등에는 막냇동생, 머리엔 광주리
손에는 보따리를 든 어머니의 모습이나
남대문 시장에서 고단을 지고 돌아오던
지게꾼 아버지의 남루한 작업복과
신문이요, 석간, 석간신문이요!
밤늦도록 외치는 신문팔이 형의 목소리를 그렸다

그는 절망을 그리지 않았다
가끔은 변두리에 가서 '야매 똥퍼'[1]를 해도
월세가 밀리고 동생들 기성회비가 밀려도
아버지 제사 한 번 제대로 못 모시고
꼬부라진 어머니 약 한 첩 못 지어드려도
그의 그림엔 어두운 따스함이 숨어있었다

그의 화실은 삼각지에 있었다
허름하여 세가 싼 맛에
가난이 벼슬인 그는 가장 퇴락한 공간을 얻어
테레핀 냄새로 수리를 했다

별나게 불빛이 많은 밤이었다
삼각지 로터리를 돌아가는 불빛들은
죄다 이태원 쪽으로, '문안에' 쪽으로 몰려가고 있었다

교회 성가대들이 찬송가로 언 하늘을 깨고 다니는
통금도 해제된 그 밤에 우리는 주머니를 털어
'라면땅' 한 봉지와 막걸리 한 되를 받아와 마주 앉았다

"아껴 마셔라. 양재기는 너무 크다 배갈 잔에 따라라."
배갈 잔이 아니라 병뚜껑에 따랐어도 어차피 모자랄 술이었다
"우린 할 수 있지? 자, 이 물이 술이다."
우린 염력念力으로 수돗물을 술로 만들어 마셨다

"취할라. 천천히 마셔라."는 농담이 아니었다
잠결에 눈을 비비고 보니 주전자의 남은 물은 얼고 있었고
빈 병에 오줌을 누고 나니 몸은 문풍지처럼 떨려왔다
연탄은 떨어진 지 오래여서 난로가 사람 덕을 보고 있었고
마룻바닥을 헤집고 올라오는 냉기는 선풍기 튼듯했다!
찌든 솜이불 한 장 뒤집어쓴 우리는
서로 불알을 만져주며 아침 햇살을 기다렸다

지금은 그도 서른 평 아파트에 살고

나도 산골에 누옥이나마 짓고 살지만

이젠 그도 나도

물을 술로 만들지 못한다

1) 야매 똥퍼: 돈을 받고 몰래 분뇨를 처리하는 사람.
    7, 80년대엔 시청보다 적은 돈을 받고 재래식 화장실 분뇨를
    처리해 주는 사람이 있었다.

죽음도 갈라놓을 수 없는 사랑

—최진희 〈천상재회〉

　새벽잠에서 깨어난 현 영감의 마음속은 지푸라기 헝클어뜨린 것 같았다.

　단 한 번 본 사람이 그렇게 또렷이 꿈에 나온다는 게 영 마음에 걸렸기 때문이다.

　비만증에다 하지정맥류로 고생하는 할멈을 부축해 오줌을 뉘고 다시 자리에 누웠으나, 잠 껍질은 한 꺼풀씩 벗겨져 나가기만 했다.

　창에는 성에가 고사리 모양으로 자라나고 있었다.

　다시 볼 일이야 없겠지만 전화번호라도 받아 놓길 잘했다는 생각이 들었다.

　할멈 몰래 빠져나와 거실을 서성이며 조반시간이 지나가길 기다렸다가 수화기를 들었다.

　"여 청소이시더."

　"아, 그렇지 않아도 아버님 당부도 있고 해서 삼우가 지나면 제가 전화드리려고 했습니다."

박 씨.

야위어 보여도 단단한 구석이 느껴지던 사람.

전화번호를 또박또박 눌러쓰는 작은 손이 맵차 보이던 사람.

얄궂은 운명이 아니었더라면 매제가 될 뻔했던, 눈꼬리가 유난히 부드러운 사람. 그가 현영감을 찾은 건 두어 달 전 가을 거두미[1]가 막바지에 이르렀을 때였다.

"저, 여기가 월외리가 맞습니까?"

아까부터 낯선 이가 집집이 다니며 주인을 부르는 소리가 들리더니 그 목소리가 현영감네 차례까지 온 것이다.

고양이 손이라도 빌려야 할 만큼 바쁜 게 농사일이라 다들 들로 나가고 낮에 사람이 있는 집은 이제 구십을 바라보는 현영감네밖엔 없었다.

"맞니더. 여가 월외시더."

"아, 그럼 혹시 현상기라는 분이 아직 살고 계시는지요?"

현영감은 멀리서 온 듯한 나그네가 자신을 찾는다는 말에 얼른 안으

---

1) 거두미: 거둠질(추수)의 사투리.

로 맞아들였다.

맞절을 나누고 앉으며

"제가 현상기이오만 어인 일로?"

"혹시 '속실'이라는 마을을 기억하시는지요?"

"충주?"

"예"

"아, 알다마다요."

속실.

홀씨처럼 떠돌던 현영감 아버지가 한 때 보따리를 풀었던 곳이긴 하나, 현영감에겐 그리 좋은 기억이나 특별히 나쁜 기억이 남아있는 곳은 아니었다.

한 이불을 덮고 자는 부부라도 서로 팔자가 다르듯 한솥밥을 먹는 가족도 서로 처지가 다른 법이다.

현영감 가족도 공동운명체 안에 있긴 했으나 각자 처한 상황은 달랐다.

현영감의 아버지는 책임감이나 미래에 대한 설계 같은 건 아예 찾아

볼 수 없는 인물이었다. 그저 하루가 좋으면 그만이고 그 순간만 좋으면 그만인, 한 치 앞만 보고 살아가는 사람이었다.

그런 그가 어찌어찌하여 장가를 들고 그럭저럭 아이 넷을 낳긴 했으나 그의 방랑벽은 수그러들질 않았다.

울진 처가에 처자식을 맡겨 놓고는 그림자처럼 소리소문없이 사라졌다가 돌아오곤 했다.

어느 해인가 사라진 뒤 명절에도 코빼기도 안 보이던 그가 웬일로 처자식을 데려가겠다며 사람을 보내왔다.

단, 식구 수를 최소한으로 줄여서 오라는 조건을 달았다.

현영감의 어머니인 새터댁은 고민 끝에 열세 살 큰아들은 머슴으로 주고, 일곱 살 큰딸은 남의 집에 양녀로 보내고, 열한 살 먹은 작은아들과 젖먹이 작은딸만 둘러업고 그 낯선 사내를 따라나섰다.

그 작은 아들이 바로 현영감인 소년 현상기였다.

길도 글도 모르는 새터댁 가족은 걷기도 하고 때론 기차를 타기도 하며 그 사내가 이끄는 데로 이틀 만에 생전 듣도 보도 못한 골짜기의 오두막에 도착했다. 말이 집이지 기울대로 기울어 엎어지다시피 한 걸 그래도 누군가가 지붕만 겨우 억새로 이어놓았다.

그곳에서 새터댁네는 멀건 보리죽으로 연명하며 몇 날 며칠을 기다렸으나 도통 남편이 올 기색이 보이질 않았다.

그러던 어느 날 아들 상기가 놀러 나간 틈을 타서 그 사내가 새터댁을 덮쳤다. 이젠 남편을 찾아갈 수도, 친정으로 돌아갈 수도 없게 된 새터댁은 그 사내와 같이 살 수밖에 없었고 거기에서 씨 다른 딸 둘을 낳게 된다.

그 오두막이 있는 곳이 청송 땅에 딸려 있다는 걸 알게 된 건 마을 사람들과 말문이 트인 뒤의 일이었다.

자신의 씨를 받은 아이가 생기자 그 사내는 데리고 온 자식들을 노골적으로 구박하기 시작했고, 새터댁의 삶은 하루하루가 생지옥이었다.

하지만 그렇게 모진 목숨을 이어가느라 정신없는 틈에도 세월은 흘러 상기는 어엿한 청년으로 자랐고, 스무 살 되던 1951년에 징집되어 전선에 배치된다. 상기가 군에 가고 얼마 지나지 않아 그 사내는 병을 얻었고 이태를 앓다가 세상을 떴다.

그는 눈을 감기 전 이런 말을 남겼다.

종의 자식으로 태어나 자신도 머슴으로 떠돌 수밖에 없었다 했다.

그래도 단란한 가정을 꾸리고 남들처럼 평범한 행복을 누리고 싶은 소망을 가졌으나, 혼기를 놓친 데다 모아 놓은 재산도 없어 외롭게 살아왔다고 했다. 그러다 충주의 어느 공사판에서 현씨 성을 가진 한 인부를 알게 되었고, 어느 날 술자리에서 울진에 버리고 온 처자식 얘기를 현 씨의 입을 통해 알게 되었다는 것이다.

현 씨는 그때 이미 다른 여인을 만나 다른 가정을 꾸린 터라 처자식에게 돌아갈 수 없을 것으로 판단한 그는 거짓으로 일을 꾸몄고, 그게 오늘을 있게 한 것이라는 고백을 유언으로 남기고 떠났다.

새터 댁은 마을 사람들의 도움으로 간신히 장사를 치르긴 했으나 딸 셋의 입을 거둘 길이 막막했다.

데리고 온 딸인 옥기가 저고리 밑단이 들릴 만큼 젖 봉우리가 복숭아만 해지긴 했지만, 아직 날품팔이할 정도는 아니었다.

내 땅이라곤 엉덩이 하나 붙일 것도 없는 데다 턱 괴고 간신히 버티고 있던 오두막마저 완전히 엎어지고 말았다.

솟아날 구멍 없이 하늘이 무너져 내린 것이다.

이젠 이래도 죽고 저래도 죽을 판이었다.

앉아서 굶어 죽느니 차라리 맞아 죽자고 작정한 새터 댁은 딸들을 앞세우고 그 사내가 남긴 말꼬투리를 나침반 삼아 충주 땅으로 나섰다.

그랬다.

그게 7년 만에 군에서 돌아온 상기를 기다리고 있는 현실이었다.

새터 댁은 "이게 다 첨지가 저질러 놓은 일이니 죽이든 살리든 첨지가 알아서 하라"며 본 남편 집으로 밀고 들어갔지만, 한 지붕 두 마누라에다 새 마누라가 데리고 온 아이까지 세 씨 자식들이 이루고 있는 가정이 여북했겠는가? 이게 현영감이 가지고 있는 '속실'에 대한 짧은 기억이었다.

"그런데 속실은 우예?"

"어르신은 저를 몰라도 저는 어르신을 잘 압니다."

"글니껴?"

"어르신 동생분 가운데 '말선'이라고 있었지요? 처녀 때 세상을 뜬."

"아, 예. 맞니더만 우리 막내 '말서이'는 처자 때 죽은 기 아이고 시집 가서 아를 둘이나 낳고 죽었는데요."

그 말을 들은 낯선 손님의 얼굴이 점점 하얘지더니 얼음장으로 굳어 버렸다. 한참 만에 정신을 가다듬은 손님의 입에선 애달픈 사연이 구슬 이 되어 굴러 나왔다.

그는 자신의 이름은 박용복이며 속실 현 씨네 뒷집 자손이라 했다.
말선이보다 두 살 위로 글 모르는 말선이에게 글자도 깨우쳐 주며 사이좋게 지냈다 했다.
그렇게 몇 년을 지내다 보니 둘에게는 연분홍 꽃물이 들었고 서로 없으면 못살 사이가 되었다는 것이다.

"그 무렵 어르신께서 어머니와 동생들을 데려가겠다며 오셨지요?"

현 영감은 곳간으로 달려가 다시 기억 한 바가지를 퍼왔다.

그랬었다. 제대하고 돌아와 사라진 가족을 물어물어 찾아간 곳이 속실.

아무리 개똥밭에 구르듯 살아왔어도 그건 아니었다.

상기는 아비규환인 가족의 실상에 칡뿌리 씹듯 이를 옹새물고 그곳을 떠났다. 정처를 고민하던 그는, 고향은 아니지만 그래도 친구들이라도 있는 청송 월외로 돌아가기로 마음먹었다.

그는 그곳에서 몇 년을 머슴살이하며 열심히 새경을 모았다.

그러다 보니 어느새 서른이 훌쩍 넘어가 버렸으나 그에겐 장가를 생각할 겨를이 없었다.

"그때 어르신께서 속실에 오셔서 정리되는 대로 오라는 말씀을 남기고 먼저 떠나셨지요?"

그 뒤 말선이와 저는 "죽어도 떨어지지 말자"라며 서로 팔뚝에다 먹실로 점을 떴지요. 그래도 모자라 아이라도 낳으면 될까 싶어 배를 맞추어 봤으나 안타깝게도 아이가 들어서지 않았습니다.

안달이 난 저는 부모님께 사실을 말씀드렸지만 "천하의 상놈 자식과는 죽어도 혼인 못 한다!"며 길길이 뛰셨습니다.

그리고는 저를 광에 가두셨지요.

말선이 또한 더 버티지 못하고 어머니와 언니들에게 끌려서 떠났습니다.

나중에 들리는 소문으로는 문고리에 손목을 묶고 울부짖는 말선이 손등을 부지깽이로 내려치고 인두로 지져서 끌고 갔다더군요."

현영감은 손님의 얘기를 들으며 깨진 장독 쪼가리를 맞추어 나갔다.

"어떤 놈하고 맺은 맹세냐?"며 전서방이 술만 취하면 트집을 잡아 마누라를 두들겨 패던 그 팔뚝 점. 월외에 온 뒤에도 오랫동안 남아있던 손등의 멍 자국과 평생을 달고 살았던 인두 자국.

그렇게 조각들을 맞추다 보니 형태가 갖추어지긴 했으나 아직 빈 곳이 있었다.

"그런데 우애서 우리 막내가 처자 때 세상을 뜬 거로 아시니껴?"

현영감은 손님의 대답을 듣고서야 마지막 한 조각을 맞출 수 있었다.

월외로 온 뒤 웬일인지 막내의 눈은 매일 멀겋게 부어있었다.

어머니와 언니들이 한 시도 막내에게서 눈을 떼지 못하는 것을 보고 이상하다고는 느꼈으나 삶이 고달픈 상기에게는 그런 자질구레한 것까지 따질 겨를이 없었다.

얼마 뒤 어머니는 입을 줄여야 한다며 딸들을 개입에 고깃덩이 던져주듯 닥치는 대로 치우기 시작했다.

현씨 성을 받은 자식 가운데 막내인 옥기는 같은 동네 늙은 영감의 재취로, 이씨의 성을 받은 딸 가운데 큰 딸인 분선이는 재 넘어 총각에게로 한 해 봄, 가을에 둘씩이나 여의었다.

물론 사흘에 피죽 한 그릇도 못 먹을 정도로 가난했기 때문에 시가媤家에서 '싸'갔다.

이제 말선이만 남았는데, 말선이야 아직 열일곱 밖에 안 되었으니 급

할 게 없다는 게 상기의 생각이었으나 어머니에 의해 완전히 빗나가게 된다.

분선이 혼례를 치르자마자 새터 댁은 아들의 만류도 뿌리치고 서둘러 속실을 향해 길을 나섰다.

"속실을 떠난 지 이태 뒤인가 모친께서 저를 찾아오셨지요.

그리고는 말선이는 이제 이 세상 사람이 아니니 잊고 다른데 장가를 들라 하시더군요. 몹쓸 병이 데리고 갔다고 하시면서요.

저는 말선이를 만나던 상수리나무 밑으로 달려가 나무껍질이 벗겨지도록 긁으며 피를 토했습니다.

저도 그 길로 말선이를 따라가고 싶었으나, 모진 게 목숨인지라 이렇게 칠십이 넘도록 살아있습니다."

뜨거운 물에 혀 대듯 속실을 다녀온 새터 댁은 단김에 쇠뿔을 뽑을 기세로 말선이 혼담을 성사시켜 나갔다.

신랑감은 아랫말 과부댁 큰아들로 '꾀재이(꾀쟁이)', '알분 재이(쟁이)', '살살이' 같은 별명이 붙을 정도로 잔꾀가 많고 살살거리며 동네 온갖 참견은 다 하고 다니는 청년이었다.

용복이와 생이별을 당하고 맥을 놓고 살아온 말선이에게는 더 이상 저항할 힘이 남아있질 않았다.

얼없는 꼭두각시나 다름없었다.

그때부터 말선이는 말을 잃었다.

콩쿨대회마다 휩쓸던 노랫소리도 끊겼다.

첫 아이가 아들이라며 시어머니는 덩실덩실 춤을 추었지만 말선이는 "피식" 바람 새는 미소만 지을 뿐이었다.

딸을 낳았을 때도 멀뚱멀뚱 바라보기만 했다.

남편 전서방이 화투장에 밥을 비벼 먹어 가산을 탕진해도, 술 발광으로 주먹질 발길질을 해대도, 백분 같은 그녀의 표정엔 변함이 없었다.

"할매요, 큰일 났니더. 이집 막내딸이 죽었다니더!"

아랫말 아낙네가 혼비백산해서 잿마루를 올라와 숨넘어가는 소리를 질렀다.

상기는 어머니를 부축해가며 달려갔다.

"서방 낯짝에 똥칠을 한 년! 장사도 지내지 말고 가래이를 째가 다리 한 짝은 앞산나무에 걸고 한 짝은 뒷산에 걸어 삐라!"

노름판에서 밤을 새우고 돌아온 전서방은 핏발 선 눈으로 마당에서 악다구니하고 있었다.

안방으로 들어서자 말선이는 양반다리를 한 채 고개를 숙이고 앉아 어머니와 오빠를 맞았다. 아직 아무도 손을 대지 않았음이리라.

잠든 새끼들을 바라보며 얼마나 울었는지 눈두덩이 달걀만 하게 부어있었다. 치마끈을 잘라 이어 선반에 묶고 목을 걸고 앉은 모양이었다.

시집온 지 여섯 해 만인 스물세 살 때였다.

"혹시 술 있습니까?"

현영감은 소주 한 병을 소반에 차려냈다.
담배도 술도 안 한다는 그 손님은 말없이 소주잔을 거푸 비워냈다.

"자초지종이야 어찌 되었든 어차피 말선이 산소를 찾아보러 온 것이
니 좀 알려 주실 수 있으십니까?"

산소엔 비석도 반석도 없었다. 자식들도 다녀가지 않았는지 그 흔한
조화 한 송이 없었다.
늙은이 젖무덤처럼 납작해진 묏등엔 앙상한 억새 이삭만 바람에 흔
들리고 있었다. 얼음기둥으로 서 있던 박용복 손님은 늦가을 햇살에
서서히 녹아내렸다. 소리 없이 시작된 그의 속울음은 이내 오열로 바뀌
며 금방이라도 내장을 쏟을 것 같았다.

"말선이를 찾으러 저승으로 가야 할 것 같습니다. 여기까지 왔는데
저승이라고 못 가겠습니까?"
날이 저물었으니 자고 가라 붙잡는 현영감을 뒤로하고 그는 그렇게
돌아갔다.

"아버님은 거기를 다녀오신 뒤로 시름시름 앓다가 두 달도 못 채우고 떠나셨습니다. 장례가 끝나면 어르신께 전화나 한번 드리라는 말씀을 남기시고요."

현영감이 맥없이 수화기를 내려놓으며 창밖을 내다보니 까치 한 마리가 감나무 위를 날아가고 있었다.

    그대는 오늘 밤도
    내게 올 순 없겠죠
    목메어 애타게 불러도
    대답 없는 그대여
    못다 한 이야기는
    눈물이 되겠지요
    나만을 사랑했다는 말
    바람결에 남았어요

    끊을 수 없는 그대와 나의 인연을
    운명이라 생각했죠
    가슴에 묻은 추억의 작은 조각들
    되돌아 회상하면서
    천상에서 다시 만나면 그대를 다시 만나면
    세상에서 못다 했던 그 사랑을

영원히 함께할래요

―<천상재회> 가사 전문(작사·작곡 김정욱)

　　최명숙이 본명인 최진희는 1957년 전북 익산에서 태어났다.

　　여고를 졸업하자마자 서울로 올라와 '양떼들'이라는 여성밴드를
결성해 활동하다가 82년, 밤무대에서 제법 유명세를 떨치던 밴드인
'한울타리'에 발탁된다. 베이스 연주자 허영래와 함께 부른 〈그대는
나의 인생〉은 그녀의 데뷔작이자 출세작이다.

　　그 뒤로 승승장구하여 우리나라를 대표하는 가수로 성장하며 수
많은 히트곡과 수상이력을 쌓았다.

　　특히 김정일이 그녀의 열성팬이어서 북한에서의 인기도 뜨거웠으
며 그 여세로 여러 차례 평양공연을 하기도 했다.

　　〈천상재회〉는 99년에 나온 '최진희 11집'에 수록되어 특히 중년여
성들의 뜨거운 사랑을 얻어낸 노래다.

흑백영화

—김상아

여행을 하자는 거지
캠핑카를 몰고
먹을거리를 냉장고에 가득 채우고
오토캠핑장에 그늘막을 치고
고기 연기로 모깃불 삼는
그런 여행 말고

제대로 한번 가보자는 거지
골프웨어를 입고
자가용을 타고
맛집 목록을 뒤지고
포토존 인증샷을 찍고
명승지 콘도에서 몸 풀고 자는
그런 거 말고

거 왜 있잖아
카트를 끌고
발권창구에 줄 서서
유럽으로 미주로

히말라야로
호주로 떠나는 그런 것도 말고

이젠 완행열차도 없어지고
비포장 신작로도 사라졌지만
무궁화호나 시골버스는 아직 있으니
여행용 가죽가방에다
양말 두어 켤레, 속옷이나 한 벌 넣고
간편복 차림으로 떠나는 거야
아참, 멋진 모자와 목도리는 반드시 챙겨야지

좋잖아
경치보다 책보다
생각하다 졸다가
무싯날 어느 시골 장터 허름한 국밥집에서
여기는 뭐가 있던 자리고
저기에는 어떤 가게가 있었고
건넛집에는 누가
뒷집에는 누구네가 살았고
늙수그레 주인댁은 막걸리 안주 하라며
시래기 된장무침을 덤으로 내겠지
얼굴이 불그레해진 나는
기웃기웃 저녁노을의 궁시렁을

받아 적고 말이야

옛날 경포대역 앞 솔숲 기억나지?
그 속에 송월장이라는 자그마한 여관이 있었지
윗바람은 차도 방바닥은 늘 따끈따끈 했잖아
파도 거품을 요로 깔고
별 보석 우단羽緞[1]이불을 덮고 자는 곳이지
창호지 문 은막엔 달빛으로 돌리는 영사기가
밤새도록 영화를 보여주었지

그까짓 샤워야 하루 이틀 안 하면 좀 어때
아직도 변소, 세면장도 여러 방이 같이 쓰고
날이 새면 모과나무 곤줄박이 소리 쪽창으로 들려오는
도배지에 여수旅愁[2] 누렇게 밴 여관이
찾아보면 반드시 있을거야

그런 멋진 여행을 하겠다는 거지

1) 우단: 벨벳, 빌로드.
2) 여수: 객지에서 느끼는 쓸쓸함.

가오리연

—김상아

늘 세차던 바람이 그날따라 고요하여
꼬리를 펄떡이며 별을 삼키는
가오리의 모습은 못 보았지만
딸아이와 나는 두 손을 꼭 잡고
나무 그림자 하나 없는 까까머리 산을
발맞추어 내려왔다

자동차 뒷유리 아래 누워
늘 푸른 바다만 그리던 가오리가
어느 날은 유난히 목말라 보여
서늘한 장롱 위로 옮겨주었다
언젠가 바람 좋은 보름밤에 줄을 놓아서
망망대해에 가오리를 방생하자던
우리의 다짐이 바래가던 날이었다

자식은 회귀성 어종이라
모천을 떠나기 마련이라지만
어리디어려 바다로 나간 내 새끼는
돌아올 길을 찾을 수 있으려나

이 애비와 그날 그 연을
날릴 수 있으려나

이삿짐 인부의 우악스런 손에
가오리 미라는 바싹 부서져
쓰레기통에 묻혔지만
우리의 약속만은 아직도 또렷하여
나무 그림자 하나 없는 까까머리 산을
별빛에 젖으며 홀로 오른다
바람이 불어올까 하여

가난한 자들을 위한 따스한 눈길

—Stephen Collins Foster
〈Hard times come again no more〉

원주역의 겨울밤은 유난히 차가웠다.

조개탄 난로를 피우긴 했지만 텅 빈 대합실을 데우기엔 턱없이 모자랐다.

몇 안 되는 승객들은 난로를 껴 안 듯 오골오골 몰려들었다.

막차가 도착하려면 아직도 한 시간 이상 남아있었다.

동수는 느닷없이 코끝이 찡해와 천장을 올려다보았다.

페인트가 군데군데 벗겨진 천장엔 거미줄이 잔뜩 처진 선풍기만 매달려 있을 뿐, 고향하늘은 보이지 않았다.

너른 마당으로 나오니 황소바람이 기어코 난로에 눌어 생긴 돕바[1]구멍을 헤집고 들어왔다.

눈에는 다른 때보다 밝게 빛나는 남쪽 하늘 별빛이 들어왔고 귀에는 멀리서 다가오는 기차 소리가 들어왔다.

---

1) 돕바: 일본어 'トッパ'에서 온 말. 토퍼topper. 반코트.

'저 기차를 타면 고향으로 갈 수 있겠지.'

할머니 얼굴이 어른거렸다.

'그냥 확 가버릴까?

아니지, 내가 가버리면 몸져누운 엄마는 어쩌나.'

이 막차에서도 공을 치면 열 입이 끼니를 걸러야 한다.

구렁이 기어 오듯 천천히 플랫폼에 들어온 야간열차는 알 까듯 승객 몇을 옆구리에서 슬어놓았다.

"아저씨, 주무시고 가세요. 네?

예쁜 누나 있어요. 주무시고 가세요."

동수는 남자 손님이 나올 때마다 쫓아가 옷소매를 붙들고 호객했다.

더럽다는 듯 손을 뿌리치는 사람, 아예 들은 척도 안 하는 사람.

이 사람 저 사람 쫓아다니다 보니 어느새 인적이 끊겼다.

눈앞이 캄캄해 왔다. 꾀부리고 놀았거나 난로 옆에서 잠을 잤을 거라며 의붓아버지가 또 때릴 것이다.

누가 안아주면 그 품에서 엉엉 울고 싶었다.

"애, 꼬마야."

소리 나는 쪽을 돌아다보니 불빛이 닿지 않는 어두컴컴한 곳에서 모자를 삐딱하게 쓴 군인 아저씨가 걸어 나오고 있었다.

"얼마니?"

열차 안에서 소주를 얼마나 마셨는지 온몸에서 술 냄새가 풍겨 나왔다.

"아, 네. 긴 밤은 육백 원이고 짧은 밤은 삼백 원이에요. 방값은 백 원 이고요."

행여 군인 아저씨의 마음이 바뀔까 하여 동수는 뛰듯이 걸어 '희망 촌' 어느 판잣집에 들어서서 주인을 불렀다.

날이 밝자마자 동수는 쌀가게로 달려가 지난밤에 번 팔십 원으로 납작보리쌀 한 되, 좁쌀 한 되 그리고 수수쌀도 몇 홉 샀다.
그거면 열 식구 하루 풀칠은 할 수 있었다.
그곳에선 모두 그렇게 살았다. 몇몇 집을 빼고 나면 다들 됫박 쌀이나 홉 쌀로 하루하루를 이어갔다.
부자라야 봐야 시멘트 블록집이 고작이고 하다못해 벽돌집도 하나 없었다.
그것도 가겟집들만 그렇지, 나머지 절반 이상이 판자 쪼가리에 루핑 2)을 두른 집들이었다.

---

2) 루핑: 방수 종이. 종이 양면에 아스팔트를 바르고 겉에는 돌가루를 뿌렸다.

심지어 유곽遊廓인 무허가 하숙도 판잣집이 수두룩했다.

방과 방 사이 벽은 골판지로 막았고 윗부분엔 구멍을 뚫어 전등 불빛을 두 방이 사이좋게 나누었다.

열 살배기 동수는 그래도 그게 비참하다는 걸 몰랐다.

추위에 떨고 고달파도 그렇게도 그리던 엄마와 함께 살 수 있어 좋았다.

동수가 태어난 곳은 강원도의 어느 자그마한 강가 마을이었다.

의원醫員인 할아버지가 살아있을 땐 그 일대에선 제일가는 부자였다고 한다.

그 할아버지가 폐병肺病으로 동수 아버지 아홉 살 때 돌아가셨다.

그건 곧 기질이 강한 동수아버지를 통제하거나 타이를 어른이 존재하지 않게 되었다는 것을 의미했다.

동수할머니도 만만치 않은 성격이었지만 동수아버지한테는 상대가 못 되었다. 고삐 풀린 망아지처럼 제멋대로 자란 동수아버지는 기골까지 장대하여 이미 열네 살 나이에 소를 팔아 서울에 가서 기생집에 눌러앉아 탕진하고 올 만큼 개망나니였다.

동수아버지가 그렇게 가산에 손을 대기 시작하자 '군郡내에서는 남의 땅 안 밟는다'던 재산이 눈에 띌 만큼 줄기 시작했다.

거기에다 '망국병'이라던 아편까지 탐닉하자 남은 재산은 주먹 안의 물이나 다름이 없었다.

아편에 눈이 뒤집힌 동수아버지는 약값을 대려고 시세의 십분의 일도 안 되는 값에 전답을 팔아치우곤 했다.

　그래도 동수가 태어날 때까지만 해도 사방 백 리 안에서 제일 큰 집이라던 기와집은 있었다고 한다.
　하지만 그 집도 동수가 첫돌이 되기도 전에 남의 손에 떨어지고 말았다.
　장가를 들면 혹시 정신 차릴까 하여 동수할머니가 이웃집에 다니러 온 그 집 친척 처녀를 구슬려 며느리로 맞았지만, 동수아버지는 돌아올 수 없는 강을 건넌 지 오랜 사람이었다.
　그제야 동수할머니는 작은아들이라도 거지 신세 면하게 해주려고 땅 몇 뙈기를 떼어줬지만 부질없는 짓이었다.
　땅 판 돈으로 천지사방 돌아다니다, 돈 떨어지면 돌아와서 집안의 곡식이건 물건이건 돈 되는 것은 몽땅 팔아치우는 사람이 동생 땅인들 무서워했겠는가? 동생도 기를 쓰고 대들어 봤지만, 눈에 핏발이 서서 날이 시퍼런 칼을 목에 들이대는 데야 당할 재간이 없었다.

　동수에게는 동생이 둘 있었다고 한다.
　세 살 터울 여동생은 엄마 등에 업혀 있다가 아버지가 엄마를 두들겨 팰 때 놀라 경기驚氣로 죽었고, 다섯 살 아래 남동생도 엄마 등에서 얻은 병으로 세상을 떴다.
　돈이 떨어지자, 집으로 돌아온 동수아버지가 보리쌀 항아리를 탈탈 털어 둘러매고 나서자, 필사적으로 말리던 엄마를 지게작대기든 장작개비든 손에 잡히는 대로 들고 후려쳤다.

광기가 하늘을 찌른 동수아버지는 그것도 모자라 쓰러져 정신을 잃은 동수 엄마를 마구 짓밟았다.

동수 동생 동호도 그때 구둣발에 이마를 까였다.

몇 시간 뒤 정신을 잃고 쓰러져 있는 모자를 발견한 동수할머니는 사람들을 불러 둘을 방으로 옮겨 뉘였다.

동호는 그래도 이내 정신을 차려 엄마 젖을 물었으나 동수엄마는 혼절 상태에서 사경을 헤매고 있었다.

그렇게 동수아버지에게 맞아서 정신을 잃은 게 한두 번이 아니었다.

어떤 때는 보름 만에 정신이 돌아온 적도 있었다고 한다.

이레 만에 미음이라도 떠 넣게 된 동수엄마는 초인적인 의지로 다시 자리를 털었으나, 동호는 시름시름 앓다가 그만 명줄을 놓고 말았다.

그때까지도 구둣발에 까인 상처의 딱지가 채 떨어지지 않았다 한다.

동수는 그런 모습을 고스란히 보고 자랐고 그것이 뒷날 엄마가 아무리 미워도 절연할 수 없는 원인이 된다.

"문 걸어 잠가!"

의붓아버지가 엄마에게 소리쳤다.

엄마는 차마 그 꼴을 못 보겠는지 밖으로 나가버렸다.

이젠 말려줄 사람도 없었다. 의붓아버지는 동수를 방구석으로 몰왔다.

그리고 그 큰 주먹으로 아구통을 힘껏 갈겼다.

들큼한 비린내가 입안에 퍼졌다.

"울어? 울어!? 눈물 흘리지마. 찍소리도 내지마."

그리곤 반대쪽을 또 후려쳤다.

가락국수가 발단이었다. 동수는 원주에 온 지 한 해를 넘겼지만, 아직 못 먹어 본 게 많았다.

'양과자'라는 간판이 걸린 가게의 진열장에 있는 빵이나, 달걀처럼 동그랗게 생긴 것도 궁금했지만 그런 것들은 날이 저물면 문을 닫아 눈에 안 보이니까 덜한데, 밤에 포장마차에서 파는 가락국수는 정말 먹고 싶었다.

특히 막차 손님을 보고 한 밤에 빈속으로 와들와들 떨면서 그 앞을 지나갈 때면 김이 무럭무럭 나는 가락국수는 평생소원으로 다가왔다.

동수는 천성이 남의 물건을 훔치거나 무얼 감추거나 하는 성격이 못되었다.

돈을 많이 벌면 버는 대로 신이 나서 다 갖다 바치면 바쳤지 삥땅을 치거나 하질 못했다.

어쩌면 그런 꾀를 내기에는 너무 어렸는지도 모른다.

그날도 낮에 가지고 나간 군밤을 다 팔았고 밤에도 벌이가 좋았다.

막차 손님은 멋진 코트를 입고 있었고 마음씨도 아주 좋아 보였다.

동수는 그 손님을 하숙에 모셔다드리고 머뭇머뭇 입을 떼었다.

"저, 아저씨 부탁이 하나 있는데요. 제가 아직 가락국수를 한 번도 못 먹어 봤거든요. 저한테 십 원만 주시면 안 될까요? 제가 번 돈은 아버지에게 모두 가져다드려야 해서 손을 댈 수가 없어서요."

그 손님은 흔쾌히 십 원을 주었다. 동수는 날 듯이 포장마차로 달려가 평생소원을 풀었다. 그리곤 집에 돌아와 곤히 잠이 들었는데, 누군가가 발길로 걷어차는 것이었다.

"요 쥐새끼 같은 놈, 당장 일어나지 못해!"

눈에 불이 뚝뚝 떨어지는 의붓아버지였다.

아직 잠이 덜 깬 동수는 멱살까지 잡혀 더욱 정신이 없었다.

다짜고짜로 지난밤의 일들을 다 불라는 것이었다.

간신히 정신을 차린 동수가 더듬더듬 어젯밤에 있었던 일들을 말하자 의붓아버지는 문을 걸어 잠그고 그 조막만 한 얼굴을 힘껏 갈겨댄 것이었다.

동수는 사건의 내막을 나중에 엄마를 통해서 알게 되었다.

선뜻 십 원을 내주어 동수의 평생소원을 풀게 해준 그 신사는 겉으로는 내색을 안 했지만 퍽이나 불쾌했던 모양이었다.

그 사실을 하숙 주인에게 말해버렸고, 그 주인이 날이 새자마자 찾아와 동수 의붓아버지에게 일러바친 것이었다.

동수는 입안이 사방 찢어져 며칠 동안 밥도 제대로 씹지 못했다.

"어머이, 내가 한 가지 물어볼 기 있는데…"

보리타작하듯 그렇게 얻어맞은 날 오후 동수는 엄마와 빨랫감을 이고지고 냇가를 찾았다. 무분별하게 버려지는 생활하수 때문에 물 색깔이 시커멨으나, 공동수도에서 물지게로 물을 사다 먹는 형편에 집에서는 빨래를 할 수 없었다. 아직 겨울이 끝나지 않아 물은 차가웠지만 날이 포근해 그럭저럭 견딜만했다.

다만 영양실조와 신경쇠약으로 쓰러져 열흘 넘게 누워있던 동수엄마에겐 빨래가 버거웠을 것이다.

모자는 빨래를 마치고 마른 풀밭에 잠깐 엉덩이를 붙였다.

"어머이, 그때 제천서 왜 날 버리고 갔어?"

전혀 예상치 못한 동수의 물음에 충격을 받았는지 한참을 말이 없던 동수 엄마는 각오한 듯 어렵사리 입을 열었다.

둘은 내키지는 않지만 잠시 이태 전으로 돌아가야 했다.

아편에 눈이 뒤집힌 동수아버지가 논밭이건 집이건 하다못해 놋숟가락 하나 남기지 않고 팔아버리자, 살길이 막막해진 남은 식구들은 뿔뿔이 흩어졌다. 한집에 같이 살던 작은아버지네는 오두막을 하나 얻어

나갔고, 고모들은 서둘러 시집을 갔다.

그리고 할머니는 제천에 있는 친척집에 식모살이를 떠났고, 엄마는 친정 일가들이 모여 사는 옥동 탄광촌으로 동수를 데리고 갔다.

거기서 사방을 떠돌며 행상을 했으나, 학교를 다닌 적이 없는 데다 꾀도 모자라 손익계산을 할 줄 모르는 동수엄마는 맨날 앞으로 남고 뒤로 밑지는 장사만 했다.

생각다 못한 동수엄마는 동수할머니가 있는 제천으로 삶의 터전을 옮기기로 했다. 방 한 칸 얻을 돈도 없는 처지인지라 입 하나 딸렸다는 이유로 월급도 없이 역 부근 어느 식당에 일자리를 얻었다.

그때 얼굴도 잘생기고 뿔테안경까지 걸친, 행색이 어디를 보아도 부자처럼 생긴 손님 하나가 들락거렸다.

그런 일이 있고 얼마 뒤 동수가 아침에 일어나니 엄마가 어디론가 사라지고 없는 것이었다.

주인아주머니는 얼굴이 붉으락푸르락해서는 "네 에미가 새벽에 그놈하고 도망쳤으니 너는 할머니에게 가라!" 하며 쏘아붙였다.

동수는 할머니가 식모살이하는 여인숙집에 얹혀 잔심부름으로 연명해야 했다. 그러던 어느 날 그 여인숙의 단골손님이 원주역에서 행상을 하는 동수엄마를 봤다고 귀띔을 해주었다.

그렇게 해서 동수가 엄마를 찾아오게 된 것이었다.

"그때 니를 버린 기 아이고, 지금 아부지가 돈 마이 버는 직장에 취직

시켜준다고 해서 따라나섰지. 니한테 얘기하믄 따라온다고 할까 봐 그
랬지. 니는 똑똑하니까 할머이한테 갈 거로 믿었지.”

　동수의 눈에선 눈물이 고드름 녹듯 흘러내렸다.
　짠물이 터진 입술에 닿으니 쓰라려 왔다.
　억울했다. 엄마를 속여서 데리고 온 것도 분한데, 왜 엄마와 내가 죽
도록 고생해서 손끝도 까딱 안 하는 그 집 식구를 여덟이나 먹여 살려
야 하는지 도무지 이해가 가지 않았다.
　더군다나 짐승만도 못하게 얻어맞고 사는 건 할 짓이 아니라는 생각
이 들었다. 동수에게 현실의 눈이 밝아오기 시작한 것이다.
　엄마도 미웠다. 진작 엄마를 미워하지 못한 자신도 미웠다.
　동수는 그날 밤 입은 채로 나와서 집으로 돌아가지 않았다.

　별의별 사람들이 다 모여 사는 곳이었다. 원주역에서 가끔 마주치던
‘야매’ 장사도 있고, 길에서 마주치던 넝마주이도 있고, 극장 앞에서 구
두 닦는 형들도 보였다.

　동수는 집에서 나와 오촌 아재를 찾아갔던 것이다.
　그 아재는 국민학교를 나오자마자 친구들과 무작정 상경을 하다가
여비가 떨어져서 원주역을 배회하다가 구두닦이가 되었다 한다.
　동수보다 다섯 살 위였지만 그 역시 열다섯 살밖에 안 되는 소년인
지라 동수의 밥벌이를 알선해 줄 처지가 못 되었다.

"너, 나하고 양동에 갈래?"

아재가 있는 곳의 두목은 일반인들의 인식과는 달리 너그러운 사람이었다. '양아치'라 불리는 이들이 모여 사는 곳이지만 그 세상이나 이 세상이나 사는 모습은 마찬가지였다.

오히려 정 하나만 놓고 본다면 그곳이 더 진할지도 모른다.

동수는 그곳에서 두목아저씨의 배려로 일주일간 공밥을 얻어먹으며 지냈다.

"양동에는 딱새가 없어, 손님이 없기 때문이지. 하지만 돈 많이 안 벌어 와도 돼. 우리 집이 역 앞에서 식당 하니까 밥은 안 굶어."

동수는 그 제안을 한 청년을 따라나섰다.

아담한 시골 역이었다.

하루에도 수십 번씩 기차가 오갔지만 정작 내리는 손님은 몇 안 되었다.

동수는 그곳에서 자신을 데리고 온 청년에게 배워서 구두닦이를 시작했다. 아재가 형이라 부르는 걸 보니 스무 살 가까운 것 같았다.

동수도 형이라 불렀다. 그 형은 하루 종일 어디론가 사라졌다가 저녁때가 되면 나타나 돈만 챙겼다.

그래봤자 몇 푼 안 되는 돈이었다. 잘해야 하루에 두세 켤레고 공치는 날도 가끔 있었다.

동수는 일감이 많지 않아 한가해지니 생각이 많아졌다.

아무것도 모르고 지내던 고향이 그리워졌다.

미워서 나오긴 했지만, 고생 굴에 홀로 남겨진 엄마도 걱정이 됐다.

"네가 이 불행에서 벗어나려면 열심히 공부하는 수밖에 없어."

2학년 때 담임선생님 말씀이 머리를 때렸다.

말이 2학년이지 1, 2학년 다 합해봐야 고작 학교에 나간 날 수는 서너 달도 안 될 것이다. 그 여선생님은 늘 동수의 그런 처지를 안타까이 여겨 저녁때면 동수를 자기 집으로 불러 공부를 가르쳐 주셨다.

'그래, 평생 남의 구두만 닦을 순 없다. 학교엘 가야 한다. 할머니를 졸라 고향으로 가자. 작은아버지도 가난하지만, 워낙 착한 분이니 우릴 받아 줄 거다.'

동수는 그길로 기차에 올랐다. 동수에게 자아가 생겨난 순간이었다.

동수는 차창 밖을 내다보면서 빌고 또 빌었다.

이 고난의 날들이 다시 오지 않기를.

우리 이 즐김을 잠시 멈추고
(가난한 이들이) 흘린 수많은 눈물을 헤아려 보세
우리가 가난한 이들과 슬픔을 나눌 때
우리 귀에 영원히 맴돌 노래가 있으니
오, 힘든 날들이여 다시 오지 않기를
지친 이들의 한숨인 그 노래
고통의 시간들, 고난의 날들이 다시 오지 않기를

오랫동안 그대는 내 오두막집 문가를 맴돌았지
우리가 기쁨과 아름다움, 밝고 흥겨운 음악을 찾을 때
문 앞에는 수많은 힘없는 이들이 쓰러졌지
그 목소리는 작았지만, 그 애원의 눈빛은 이렇게 말했지
오, 힘든 날들이여 다시 오지 않기를

—<Hard times come again no more> 가사 전문(작사·작곡 스티
  븐 포스터)

　19세기 중반 미국은 동부와 서부 간의 빈부 차이로 인해 심각한
갈등을 겪었다. 이 노래는 상대적으로 가난한 삶을 살아야 했던 서
부의 주민들과 노예들을 위해 지어졌다.
　또한 남북전쟁으로 지친 미국인들의 마음을 달래주기도 했고,
20세기 초 미국을 비롯한 전 세계를 휩쓴 대공황 속에서 미국인들
의 정신적 지주가 되기도 한 노래다.

　이 노래를 지은 스티븐 포스터는 우리나라에도 널리 알려진 작곡

가다.

특히 전후 세대들은 "홍난파는 몰라도 스티븐 포스터는 안다."라는 소리가 나올 만큼 음악시간에 그의 작품들을 참 많이도 불렀다.

스티븐 콜린스 포스터는 펜실베이니아주 피츠버그에서 1826년 7월 4일에 태어났다. 전문음악교육을 받지는 않았지만 어려서부터 두각을 나타낸 천재였다. 부호 집안의 10남매 가운데 막내여서 부러울 게 없이 자랐으나 30대 후반에 이미 파산지경에 이르러 곤궁하게 살아야 했다.

그가 세상을 뜰 당시에도 그의 악보는 인기리에 판매되어 적지 않은 수입이 있었으나 그는 늘 가난에 시달렸다.

그 까닭은 아직도 의문으로 남아있다.

'미국 민요의 아버지'라 불릴 만큼 뛰어난 작품들을 수없이 많이 남겼으나 '천재박명'의 속설을 깨지 못하고 1864년 1월 13일 싸구려 호텔에서 홀로 쓸쓸히 눈을 감았다. '불혹'이라는 나이 사십도 못 채운 채.

〈Hard times come again no more〉는 아마 악보에 들어간 음표보다도 많은 가수가 불렀을 것이다.

그 가운데 메조소프라노 얀 데 가에타니(Jan De Gaetani)가 부른 노래를 들어보시길 권한다.

풍금 반주에 맞춰 부른 노래로 고졸古拙한 맛이 일품이다.

응급실에서

―김상아

그랬을 것이다
도토리 하나가 수직을 그으며 떨어지는
그 찰나였을 것이다
그가 사바娑婆[1]의 경계로 간 것이
잠깐, 아주 잠깐
지구가 자전을 멈추었을 것이다
구급차가 게워놓은 그는 지금
무슨 꿈을 꾸고 있을까

그랬을 것이다
저 골판지 가슴에도 노도의 포말이 밀려왔을 것이며
머릿속은 창공을 나는 꿈으로 가득했을 것이다
여인의 분 냄새에 뱃고동 울렸을 심장이며
마디마디 옹이 박힌 저 손으로
쑥부쟁이꽃을 한 다발 꺾어
바알간 젖 몽우리 골짜기에 바쳤던 적도 있었을 것이다

묏등 같은 저 어깨는 삼독三毒²⁾과 십악十惡³⁾을
짊어진 흔적이리라

"뇌출혈로 사망한 행려병자"
외로운 영혼이 안쓰러운지
노간주나무 위의 참새들이
재잘거려 문상객을 모은다

그는 죽기 위해 살았을까
살기 위해 죽었을까
죽은 자도 꿈을 꿀 수 있을까
죽어서도 꿈을 꿀 수 있다면
환생의 꿈을 꿀까
또다시 죽는 꿈을 꿀까

한 폭짜리 흰 천을 마지막 옷으로 입고
마른입으로 차안此岸⁴⁾ 문을 나서 피안彼岸⁵⁾으로 건너간다

1) 사바: 산스크리크어 사하沙訶의 음역. 우리가 살고 있는 세계.
2) 삼독: 불교의 세 가지 번뇌. 탐욕, 분노, 어리석음.
3) 십악: 불교에서 금하는 열 가지 큰 죄.
4) 피안: 번뇌를 넘어선 세계.
5) 차안: 피안의 반대개념.

'게이에렉투스'의 순정

—Kenny Rogers 〈Lady〉

"좀 먹어둬라. 너라도 기운 차려야 한다."

그는 몰라보게 핼쑥해져 있었다.

수염은 한 뼘이나 자라있었고 광대뼈는 쇠무릎 같은 몰골로 고기를 마분지 썹듯 하고 있었다.

나는 그의 고기 먹는 양量을 알아도 너무나 잘 안다.

그는 한자리에서 돼지갈비 5~6인분 정도는 간식 취급하는 식귀食鬼였다.

한 번은 내기당구에서 진 내가 그와 고깃집에 갔다가 평생 지울 수 없는 쓰라린(?) 경험을 하게 된다.

그의 입을 상식으로 접근하면 크나큰 오산이다.

그는 주먹의 크기도 보통 남성의 두 배 정도나 되어, 그의 '선방'에 나가떨어지지 않은 이가 없다는 무용담이 그가 살던 도시에 전설처럼 내려온다.

그는 놀랍게도 턱관절을 분리해 그 큰 주먹이 다 들어가는 입을 가지고 있기도 했다.

마치 자기 머리통의 몇 곱절이나 되는 알을 꾸역꾸역 입안에 집어넣는 구렁이를 연상하면 쉽게 이해가 간다.

그런 그가 상추 대여섯 장을 그 큰 손바닥에 포개놓고 고기를 수북이 올려 아귀 같은 입 속으로 집어넣는 모습을 상상해 보시라!

내 돈 나가는 처지에서 어찌 이빨 부딪는 소리가 나지 않을 수 있겠는가?

그날은 나도 밑지지 않으려고 실성한 듯 먹어 댄 결과, 계산서에는 바를 정正이 세 개나 적혀 있었다. 아마 나도 4~5인분은 먹은 것 같다.

"왜? 안 넘어가냐?"

"예."

곧 솟아오를 것 같은 그의 눈물샘을 보고 나는 더 이상 권하지 못하고, 필요한 거나 사 쓰라며 봉투 하나를 건네고 첫눈이 내리기 시작하는 거리로 나섰다.

"게이에렉투스"

그는 먹는 거나 겉모습이나 원시적이었기에, 나는 원시인류의 한 종인 호모에렉투스를 비틀어 그를 그렇게 불렀다.

그와의 인연이 시작된 건 어느 한적한 지방도시의 음악 감상실에서였다.

그곳은 극장식으로 된 감상공간과 휴게공간이 분리된 곳으로, 여섯 명의 디제이가 번갈아 가며 프로그램을 진행했다.

나는 쉬는 시간에는 주로 휴게실에서 바둑을 즐겼는데, 그날도 도낏자루를 썩히고 있을 때였다.

"저, 드릴 말씀이 있는데요."

휴게실에서 몇 번은 마주친 듯 낯설지 않은 청년이 서 있었다.

해마다 그렇듯 대학입시가 끝나고 나면 예비 신사, 숙녀들로 감상실이 넘쳐나 벽을 고무줄로 만들어도 모자랄 판이었다.

음악실에서 어두컴컴한 객석을 바라보면 동글동글한 머리 형체만 눈에 들어와 흡사 도루묵 알 슬어놓은 듯했다.

신청곡은 가을바람에 떨어지는 낙엽처럼 산더미로 쌓인다.

그럴 때 자기가 신청한 노래를 듣는다는 건 복권 맞는 것만큼이나 운이 좋아야 가능한 일이었다.

"아까 아저씨 시간에 신청했는데 못 들었어요. 케니 로저스 '레이디'요. 다음 시간에 들어가시면 꼭 좀 들려주세요."

서울에 있는 명문대에 합격하고 입학을 기다리는 예비대학생이라 신분을 밝히더니 자기가 가장 아끼는 노래를 굳이 나의 해설과 함께 듣고 싶다며 간청하는 것이었다.

아래위로 그를 훑어본 나는 "알았다." 대답하고 그를 돌려보낸 뒤 "푸홋!" 하며 참았던 웃음을 내뱉을 수밖에 없었다.

'내가 신생대 홍적세¹⁾에 와 있나?' 하고.

봄 내음이 불어왔다.

저 멀리 대관령 정수리를 대머리로 만들었던 눈도 다 녹아내렸고 남대천 버드나무는 산발로 연두색 머리칼을 흩날리고 있었다.

"아저씨, 술 한 잔 대접해 드리고 싶은데요."

"아니, 너는…"

그였다. 원시인류처럼 생긴.

입학식 때문에 서울에 가 있어야 할 그가 온 것이다.

그것도 밤이 이슥한 시각에 술 냄새를 잔뜩 풍기며.

---

1) 홍적세: 지질시대 가운데 신생대 제4기. 약 158만 년 전부터 약 1만 2천 년 전까지를 일컫는다. 아프리카에서 출발한 호모에렉투스가 전 세계로 퍼져나가던 시기. 호모에렉투스는 25만 년 전쯤 사라졌다.

철다리 밑 포장마차에 자리를 잡은 우리는 말없이 소주병만 비워냈다.

콧구멍으로 내 뿜는 그의 한숨에 카바이트 등불이 파르르 몸서리를 쳤다.

아무래도 그가 먼저 입을 열기를 기다릴 일이 아닌 것 같아 내가 먼저 자루 끈을 풀었다.

"말해 보거라. 무언가 할 말이 있어 나를 찾은 것 같으니."

어렵사리 입을 뗀 그의 기구한 사연은 불행한 그의 가족사로 서막이 올랐다. 한국전쟁이 끝나고 얼마 지나지 않은 때에 어느 시골의 밥술깨나 뜨는 부잣집에서부터 얘기는 시작된다.

"그 집의 주인은 아들만 둘을 둔 젊은 부부로 금실 좋기로 소문이 날 정도였대요.

그러던 어느 날 바깥주인이 누구에겐가 죽임을 당했는데, 경찰에서 수사했지만, 범인을 잡지 못한 채 몇 년의 세월이 흘렀대요.

그 집엔 머슴이 둘 있었는데 그 가운데 젊은 머슴이 폭풍우와 천둥소리 요란하던 밤에 안방 문빗장을 열었대요.

안주인은 소리를 질렀으나 빗소리, 바람소리, 천둥소리에 묻혀 다른 방에까지 들리지 않았나 봐요.

그 악몽의 밤이 지나고 안주인은 자결을 결심했지만, 자식 둘 다 천애의 고아가 될 게 뻔한 일이라, 마음을 고쳐먹고 티 나지 않게 가산을 정리해서 그 머슴을 따라나섰대요.

그 뒤 그 머슴과의 사이에서 아들 셋을 낳았는데, 그 머슴은 매일 술 독에 빠져 방탕한 생활을 하다가 오십도 못 채우고 황천길로 떠났고, 죽기 직전에야 바깥주인을 살해한 범인이 바로 자신이란 고백을 하고 눈을 감았대요."

그 대목에 이르자 그는 통곡하기 시작했고 나는 그를 진정시키랴, 포장마차 주인과 다른 손님들에게 양해를 구하랴 안절부절못했다.
새벽녘까지 이어진 그의 얘기를 요약하면 이렇다.

그 부잣집 안주인이 자기 어머니이고 바깥주인을 살해한 머슴이 자기 아버지라는 것이다.
그러니까 그 바깥주인이 남긴 아들 둘이 지금의 씨 다른 자기 형들이고 그 형들이 이 비극적인 가족사를 어느 순간에 알게 되었다는 것이다.
하지만 큰형은 다 지나간 일이라며 운명으로 받아들이고 그 머슴의 자식들도 형제로 감쌌지만, 작은형은 그렇질 못하다는 것이었다.

틈만 나면 원수의 자식들이라며 괴롭혔고 그의 대학진학도 문제가 됐다는 것이었다. "나는 중학교 밖에 못 나왔는데, 원수의 자식인 너는 고등학교 나온 것만으로도 감지덕지하라."며 입학을 방해했다는 것이다.

새벽 4시에 떠나는 영주행 완행열차가 머리 위로 지나갔다.

이제 일어나야 할 시간이지만 나는 일어나자는 말을 차마 할 수가 없었다.

그를 안아줄 엄두도 나지 않았고 그 어떤 것도 할 수 없었다.

"여자를 만나고 싶어요. 케니 로저스 노래처럼요.

그렇게 사랑을 신앙으로 섬기며 살고 싶어요. 그것만이 내가 살 길인 것 같아요."

그는 그길로 원양어선을 탄다며 부산으로 떠났다.

"유골을 뿌리지 말고 산소를 하나 쓰는 게 어떠냐?

아이들 크면 엄마의 흔적이라도 찾아보게.

하다못해 납골당이라도."

조심스레 그에게 권해 봤으나 그는 먼 하늘만 말없이 바라보다가 동해바다의 절경이 발밑에 펼쳐지는 괘방산을 오르기 시작했다.

그와 그의 아내가 즐겨 찾던 산이고 나도 가끔은 그 틈에 끼어 오르곤 했던 산이다.

다섯 살, 세 살 아이들도 무얼 아는 양 칭얼대지도 않고 말없이 아빠 뒤를 따랐다.

스물한 살에 한 원양어선 선원을 만나 오로지 사랑 하나만 믿고 살림을 차린 여인.

면사포도 써보지 못하고 다섯 평짜리 카페에서 아이 둘을 키우며 복닥거렸어도 짜증 한 번 안 내고 늘 편안한 표정으로 손님을 맞았던 여인.

나를 비롯한 우리 패거리들은 달랑 탁자 네 개뿐인 그 공간을 아지트로 삼아 나잇값도 못 하고 쥐구멍 드나들듯 했다.

다른 손님은 아랑곳하지 않고 바둑을 두며 낄낄거려도, 새벽까지 제 술처럼 외상술을 퍼마셔도, 기타를 퉁기며 발악해서 손님들을 다 내쫓아도 싫은 소리 한 번 안 했던 여인.

우리가 술에 취해 널브러지면 연탄난로 숨구멍을 활짝 열어 불 괄게 지펴놓던, 그래도 마음이 안 놓여 신문지나 김장비닐을 덮어주던, 나이답지 않게 푸근했던 여인.

그가 사시나무 떨 듯하며 유골 가루를 뿌리자 장끼, 까투리 한 쌍이 놀라서 하늘로 솟아올랐다.

어린 자식들도 인절미 손으로 한 움큼씩 뿌렸고 나도 한주먹 뿌렸다.

내 눈에서도 이렇게 눈물이 흐르는데 저 가슴은 어떻겠는가?

그는 자기 손으로 아내의 인공호흡기를 떼었다 했다.

내가 문병을 다녀온 지 일주일 지나서라 했다.

떠난 자는 떠났다 할지라도 이제 저 어린 자식들과 젊은 홀아비는 어찌해야 하는가? 가슴이 미어져 눈물이 그치질 않았다.

이젠 그도 떠났다. 어디로 갔는지 아는 사람이 아무도 없다.

그의 어머니도, 씨 다른 형제들도, 친구들도.

내가 방송관계로 그 도시를 떠난 뒤 그는 어린아이들을 앞세우고 종적을 감추고 만 것이다.

또다시 겨울이다.

우리는 무슨 이유로 그렇게 겨울에 많은 사연을 쌓았을까?

그의 이름을 신음처럼 내뱉으며 케니 로저스의 음반을 꺼내 든다.

여인이여

나는 빛나는 갑옷의 기사라오

당신을 사랑하는

당신은 지금의 나를 만들었다오

나는 당신의 사람

내 사랑이여

사랑하는 이 마음을

표현할 말이야 많겠지만

난 그냥 당신을

포근히 안고 싶다오

여인이여
오랫동안 생각해 봤지만
아무래도 당신 같은 여자는
다시는 못 만날 것 같다오
내 눈엔 당신밖엔 없어요
우리 같은 사랑이 어디 또 있을까요?
늘 당신 곁에 있고 싶어요
언제까지나

여인이여
당신의 사랑만이 내게 필요하다오
늘 내 곁에 있어주오
나의 소망은 오직 그것뿐
당신은 내 삶의 전부
당신은 나의 여인

—<Lady> 가사 전문(작사·작곡 라이오넬 리치)

　덥수룩한 수염이 매력 요소인 케니 로저스Kenny Rogers는 1938년 텍사스주 휴스턴에서 태어났다.

　고등학생 때 밴드를 조직하여 입문하였고 대학 시절에는 재즈밴드에서 활동하기도 했다.

　전설적인 포크그룹 '뉴 크리스티 민스트렐스New Christy Minstrels'에 몸담기도 했으며, 67년에 결성한 '퍼스트 에디션First Edition'을 통해 대중에게 가까이 다가갔다.

　77년부터 독자적인 활동을 시작했고, 80년에 발표된 〈레이디(Lady)〉의 대성공으로 미국인들의 정신적 지주로 떠올랐다.

　〈레이디〉는 거장 라이오넬 리치가 작사, 작곡했다.

　아프리카계 미국인이 유럽계 미국인의 전유물인 컨트리를 작곡했다는 것이 이채롭다.

　〈레이디〉는 2012년에 라이오넬 리치와 듀엣으로 부르기도 했으며 케니 로저스에게 부와 명예를 한꺼번에 가져다준 작품이다.

　오랜 세월 수많은 히트곡을 쏟아내며 추앙받다가 2020년 밤하늘의 별이 되었다.

피붙이

—김상아

서녘 하늘에 아련함이 번지면
아내의 손을 잡습니다
먼 곳에 아내 모르는
깊은 그리움 하나 있습니다

새소리가 처연히 들려오면
아내와 산길을 걷습니다
내겐 들꽃 씨 같은
여문 그리움이 있습니다

콧등이 시려와
아내를 꼬옥 안습니다
가여운 내 업 하나가
세찬 바람에 나뒹굽니다

아내가 알지도 모릅니다
내 핏줄 속에는
애달픈 그리움이
흐른다는 걸

봄은 해마다 돌아오지만 아무에게나 오지 않는다
—장미화 〈봄이 오면〉

낙골의 하루는 두어 시간 이르게 열렸다가 서너 시간 늦게 닫힌다.

막노동판을 나가든 남대문 시장에 지게꾼으로 나가든 새벽 다섯 시에는 집을 나서야 한다. 일터가 가까운 이들도 서둘러야 하기는 마찬가지다.

출근 시간에 버스를 얻어 탄다는 게 보통 일이 아니기 때문이다.

모르긴 해도 1·4후퇴 때 흥남부두 LST 오르기보다 더하면 더 했지 덜 하진 않을 것이다. '공중도덕'이니 '시민의식'이니 하는 게 아직 몸에 배지 않은 시절이라 기본적인 줄서기조차 이루어지지 않을 때였다.

버스가 종점에 도착하면 지남철에 쇳가루 달라붙듯 사람들이 몰려들었다. 차를 돌리려면 회전반경이 필요한데 그런 것은 아랑곳없었다.

사람을 치지 않으려면 할 수 없이 차를 세워야 했고, 차장이 문을 열면 한바탕 전쟁이 벌어진다.

문 앞에까지 뚫고 가는 게 문제였지 그다음은 진공청소기에 쓰레기 빨려 들 듯 들어간다.

뒤에서 밀어붙이니 되돌아 내릴 수도 없다.

옷이 뜯어진다거나 머리핀을 잃어버리는 건 다반사고, 신발 한 짝을 잃어버리는 사람, 몸은 밀려들어 갔으나 책가방을 놓쳐 발을 동동 구르는 학생까지 아비규환이 따로 없었다.

종점에서부터 이 지경이니 종점과 가까운 데 사는 사람들은 아예 언감생심馬敢生心이었다. 내리는 사람이 있어야 타는데 몇 정거장 만에 내릴 사람은 거의 없으니 무정차 통과가 일쑤였다.

그러니 그들은 버스 삯을 한 번 더 물더라도 차라리 올라오는 버스를 타는 고육지계를 냈다.

그 방법은 매우 효과적이어서 편히 앉아갈 수 있는 특전도 누릴 수 있었다.

사정이 그러하니 우격다짐에 약한 사람은 버스 몇 대를 놓치고서야 간신히 얻어 타는 일이 잦았다.

상수 역시 억척스러운 편이 못되기에 아예 그 시간대를 피해 새벽 네 시 반에 떠나는 첫차를 타는 쪽을 택했다.

인적이 드문 시각이라 타고 내리는 시간도 얼마 안 걸리고 이것저것 따져보면 학교까지 두 시간은 잡아야 하던 게 절반으로 줄어들었다.

마침, 수위아저씨가 홀몸이라 숙직실에 자기 때문에 일찍 교문을 열어주었다.

"아이고 이눔아! 못 간다. 이 애밀 두고 어딜 간다냐."
"어허, 조용히 좀 해야. 소문나면 안 된당게."

동지 지난 지 달포나 되었는데도 낙골 비탈의 새벽은 뒷산에 가려져 여명조차 비추질 않았다.

"아차! 용택이."

그날도 첫차를 타기 위해 집을 나선 상수는 용택이 어머니, 아버지 목소리에 정신이 번쩍 들었다.

잠시 머뭇거린 끝에 등교시간을 늦추기로 하고 상수네 보다 축대 한 단 위에 있는 용택이네로 올라갔다.

희미한 전등은 마당에서 웅성거리는 동네 아저씨들 두 서넛을 비추고 있었고, 방 안에선 소복차림의 앳된 소녀가 바가지 물을 용택이 어머니 입에 물리며 주무르느라 정신이 없었다.

용택이가 살림을 차렸다는 소문이 돌더니 그 색시인 것 같았다.

용택이.

상수보다 두 살 아래였으니 이제 갓 열일곱 살이었다.

고향은 전라도 어느 섬이라 했다.

처음 들어보는 섬이라 외우기도 쉽지 않았다.

60년대에 호남지방에 큰 가뭄이 들었을 때 서울로 왔다 했다.

용택이네 형편은 그야말로 빈중빈貧中貧, 가난한 사람들 틈에서도 유난히 가난했다.

농사일밖엔 배운 게 없는 용택이 아버지는 막노동을 나가도 잡부밖엔 할 게 없었다. 기술이 없으니, 일감도 적었고 품삯도 쌌다.

일이 있다고 한들 고향에서 이미 골병이 들대로 들어 공수工數[1]를 채우지 못할 때가 많았다.

며칠 나가 간조를 타봐야 일 없을 때 먹고 산 빚 갚고 나면 또다시 빈손이니 용택이 엄마까지 나가 벌어도 좀처럼 살림이 나아지질 않았다.

거기에다 솔방울 같은 자식들은 주렁주렁 다섯이나 열렸으니 만이 용택이는 부모들 일 나간 사이 동생들 돌보느라 학교에도 가질 못했다.

아마 국민학교를 4, 5학년 다니다 말았을 것이다.

한 번은 몸져 누운 용택이 아버지가 안쓰러워 누가 동태 두어 마리를 나누어 준 모양이었다. 그런데 쌀이 없어 동탯국만 멀겋게 끓여 먹었다 한다.

또 이런 일도 있었다 한다.

일본에 사는 용택이 어머니의 삼촌이 해방 맞은 뒤 처음으로 고향을 찾았으나 부모님과 형님은 이미 돌아가셨고, 남은 피붙이라곤 조카 딸밖엔 남지 않아 물어물어 찾아왔으나, 사는 모습을 보니 하도 기가 막혀 눈물만 흘리다 돌아갔다 한다. 일본으로 돌아간 그 삼촌은 자기 딴에는 조금이나마 보탬이 되라고 식구마다 옷을 한 벌씩 사서 소포로 보냈는데 헛물만 켜고 말게 된다. 관세를 그리 많이 물어야 한다는 걸

---

1) 공수: 실제 일한 날의 수

어찌 알았겠는가.

낙골!

나중에 분구分區가 이루어지면서 관악구에 편입되었지만, 그 당시에는 영등포구 관할이었다. 그때는 한강다리 건너엔 영등포구와 성동구 밖엔 없었다. 관악산 동쪽 자락을 경계로 반포에서부터 지금의 하남시 인근까지가 성동구고, 방배동부터 서쪽으로 김포공항 근처까지가 영등포구였다.

그 시절 '강남'이란 대명사는 영등포 지역을 일컫는 말이었고, 지금의 강남지역은 영등포의 동쪽이란 뜻으로 '영동'이라 불렀다.

낙골은 60년대 중반까지는 집 한 채 없는 산등성이였다.

서울시는 그 산비탈을 깎아 종로구와 마포구, 용산구 일대의 철거민들은 하루아침에 그리로 내몰았다.

그들에게 지원된 건 땅 여덟 평과 천막 한 장이 전부였다.

처음 그들이 도착했을 땐 전깃불도, 수돗물도 없는 상태였다.

대중교통수단이래 봐야 시영버스 몇 대가 고작이었다.

몇 년이 지난 뒤에야 전기도 들어오고, 버스노선도 확충되고 시장 건물도 들어섰다. 공동수도가 몇 군데 생기긴 했으나 수압이 약해 고지대인 그곳엔 있으나 마나 한 존재여서 갈수기엔 물 전쟁이 벌어지곤 했다.

한 바가지 물로 아버지가 맨 먼저 낯을 씻고 나면 그다음이 맏이, 그

다음 둘째 이런 순서로 고양이 세수를 하고 출근과 학교에 가는 건 흔한 일이었다. 일손이 좀 나는 집들은 우물을 팠으나 그것도 너도나도 따라 하니 물줄기 마르는 건 시간문제였다.

중학생만 돼도 학교에서 돌아오면 물지게를 지고 물을 찾아 나서야 했다. 십 리 산길을 걸어 뒷산 너머에 있는 약수사에 가서 길어오거나 저지대 마을에 가서 구걸해 와야 했다.

그런 곳이 낙골이었다.

행정동명은 신림3동이었으나 졸지에 생긴 동네라 법정동명은 달리 존재하지 않았다. 사람들은 어느 순간부터 그 비탈마을을 '낙골'이라 부르기 시작했다. 힘도, 돈도, 명예도 없는, 남은 것은 낙담밖에 없는 하바리[2] 인생들이 모여 사는 곳이라서 그렇게 불렀을 것이다.

"형. 형은 공부 잘하니까 공부 열심히 해서 출세해.
나는 지곤이 형 밑으로 들어갈 거야.
거기서 커서 나중에 싸롱 지배인도 하고 오야붕이 될 거야."

어린 나이에 가위탁[3]에 들락거리는 용택이가 안타까워 타이르는 상수에게 용택이가 던진 반발성 대답이었다.

---

2) 하바리: 지위가 맨 아래에 속하는 사람을 얕잡아 이르는 말
3) 가위탁: 소년법에 따라 소년범을 분류 심사하는 기관

용택이가 열너댓 살쯤 되었을 때부터인 것 같다.

상수가 학교에서 돌아오다 보면 또래 아이들이 용택이네 집에서 우르르 몰려나오는 게 자주 눈에 띄었다.

어떤 때는 여자아이들도 섞여 있었고, 환기하느라 그러는지 쪽창과 방문을 활짝 열어 놓곤 했다.

아마 어른들이 오기 전에 흔적을 지우려 그랬을 것이다.

멀리서 보아도 방안은 안개 낀 듯 연기가 자욱했고 담배냄새가 진동했다.

그 아이들 대부분은 손버릇이 나쁘거나 걸핏하면 집을 나가 부모 속을 썩이고 싸움질을 일삼는 아이들이었다.

그런 일들이 있고 나서 머잖아 용택이 어머니가 밤늦게 용택이를 찾으러 다니는 일이 잦더니 급기야 용택이는 몇 달씩 소식이 없기도 하고, 소식이랍시고 와 봐야 경찰서나 가위탁에서 오는 보호자 호출이 고작이었다.

"상수 너는 학교에 가야잖녀?
지금은 땅이 얼어 곡괭이질 안 해본 사람은 도움이 안 됭게, 싸게 학교에 가더라고 이."

용택이 주검은 어제 낮에 인수해 온 모양이었다.

사방에 칼집이 숭숭 나서 맨정신으론 차마 볼 수가 없다 했다.

화장하려니 그럴 돈도 없어 통장님의 도움으로 간신히 주검만 용달차에 싣고 왔다 했다.

용택이 아버지와 동네 아저씨 몇은 의논 끝에 뒷산 넘어 으슥한 곳에 아무도 몰래 용택이를 묻기로 했다.

애장4)이니 봉분도 필요 없었다.

"저, 아저씨 이러면 어떨까요? 누가 보면 곤란하잖아요.

아무리 새벽이라도 약수 뜨러 가는 사람도 있을 테니 제가 앞서가다가 누가 오면 '야~호' 외칠 테니 아저씨들이 지게를 둘러싸거나 잠깐 비키면 되잖아요."

꽃이 피어나기 시작했다. 다행히 용택이네가 거의 끝자락에 있어 몇 집만 지나면 바로 산길로 접어들 수 있었다.

처음에는 한 송이 두 송이 드문드문 피던 꽃이 산마루에 다다를 즈음엔 집집마다 피어났다. 필라멘트꽃5)이, 저 따스하고 포근한 꽃들이 가난의 핏줄들에겐 노고勞苦의 시작이라는 생각을 하니 상수는 콧등이 시큰해 왔다.

용택아, 발아래 저리 많은 꽃구름이 피었다.

꽃상여 타고 가거라.

낙골에 사는 동안 상수는 늘 봄을 간절히 기다렸다.

---

4) 애장: 어린이 무덤
5) 필라멘트꽃: 백열등(필자가 만든 말)

용택이네도, 규성이네도, 그곳의 모든 이들에게 하루빨리 추운 겨울
이 지나가기를.

　이제 그 달동네는 세상에 없다고 한다.
　시장이 있던 부근까지는 아파트 단지가 들어섰고,
　그 위쪽은 녹지지역과 운동시설로 조성되었다 한다.
　누구나 탈출을 꿈꾸며 살았던 곳.
　다시는 돌아가지 않기를 빌며 살았던 곳.

그 추웠던 겨울은 지나고
내님도 나를 찾겠지
아름다운 꽃이 피어나는
따뜻한 봄이 오면
그님도 나를 찾겠지
헬로아 헬로아 꽃들은
헬로아 헬로아 어디에
헬로아 헬로아 봄날은
헬로아 헬로아 우리들에게

그 추웠던 겨울은 지나고
따뜻한 봄이 오면
내님도 나를 찾겠지
아름다운 꽃이 피어나는

따뜻한 봄이 오면
그님도 나를 찾겠지

헬로아 헬로아 꽃들은
헬로아 헬로아 어디에
헬로아 헬로아 봄날은
헬로아 헬로아 우리들에게

헬로아 헬로아 사랑은

헬로아 헬로아 어디에

헬로아 헬로아 그님은

헬로아 헬로아 내게로

—⟨봄이 오면⟩ 가사 전문(마우스 앤 맥닐의 'Hello A'를 여대영이 편곡

　　및 번안)

　　7, 80년대 인기 절정의 율동가수 장미화는 1946년 서울에서 김
순애라는 이름으로 태어났다. 칠 공주 가운데 막내였으나 언니 여
섯이 모두 6·25 때 숨지는 바람에 막내가 외동딸이 되는 아픔을
겪었다.

　　'65년 여고생 신분으로 KBS Top 싱어 선발대회'에 나가 입상한
것이 계기가 돼 곧바로 신중현에게 발탁된다.
　　같은 해 신중현이 조직했던 수많은 록 그룹 가운데 첫 밴드인 에

드 포Add' 4에 합류하여 두 곡을 첫 노래집에 남겼다.

에드 포가 해체된 뒤에 미8군 무대에 진출하여 6년가량 미국과 동남아 순회공연을 다녔다.
'73년 노래집 〈안녕하세요〉로 입문하였으며 대표곡인 〈안녕하세요〉가 큰 인기를 끌었다. 〈봄이 오면〉은 그 노래집에 같이 들어가 역시 많은 사랑을 받게 된다.

원곡은 네덜란드 출신의 혼성듀엣 '마우스 앤 맥닐Mouth&McNeal'이 부른 〈헬로아Hello A〉이며 '71년에 나와 전 세계적인 사랑을 받았다.

장미화는 한동안 대외활동이 뜸하듯 했으나 '산마김치'라는 기업의 대표이사로 취임하여 노익장을 과시하고 있다.

봄

동작골의 봄
—김상아

노래를 불러주세요
꽃다지 광대나물 밭두렁에서
그러면 봄값이에요
밭은 내가 갈게요

기타도 퉁겨주세요
호박씨 손톱으로
그 박자 따라
쇠똥거름 곰배질은 내가 할게요

낮은 하늘 홍매화 가지 위 종다리 날고
조릿대 숲 마른 댓잎
왕지네 기어가는 영상을
시로 적어주세요

꿀벌들 털 다리에 시간은 묻어가고
남녘 바람 비질하여 자투리 햇살마저
골 안에 쓸어 넣고 문 닫아버리면
달그림자 팔베개에 길게 누이고

꼬깃꼬깃 주머니 속 그 시를 읽어주세요

저 깊은 배 속에서 들려오는
씨앗 트는 소리 들으며
꿈결인 듯 잠들래요
멍머구리[1]도 짝짓는 밤
동작골에서

1) 멍머구리: 참개구리의 사투리.

빈 절

—김상아

승僧이라 하여
다 비울 수 있겠는가
숨을 쉬는 한 가슴은 뛰고
뛰는 가슴엔 사랑이 깃든다

질기디질긴 화두
산문 밖에 내놓고
가시지 않는 분 냄새에
목탁 소리 산란散亂터니
법당 문 걸어 매고
소지공양燒指供養[1] 하더니

풍경마저 낮잠 든 고요한 날에
마지막 독경 방울 떨구고
동그란 동자승 미소로
허물을 벗었다

승이라 하여 비웠는가
비우려 숨결마저 지웠는가

주저앉은 지붕 위로

칡 순 새로 돋았는데

이끼 낀 돌담 가엔

구릉대꽃²⁾ 피었는데

1) 소지공양: 손가락을 불태워 자신의 몸을 공양하는 수련 방법.
2) 구릉대꽃: 뱀꽃을 이르는 사투리. 대매이꽃, 산괴불주머니라고
    도 한다.

딸의 바다

—김상아

(1)
슬픈 사람에게는
피어나는 꽃도 슬픈 법

이제 저 바다를 어찌 보랴

얼마나 무서웠을까
아냐, 이미 정신을 잃었을 거야
크레인이 건져 올린 깡통 뚜껑을 따자
꽃망울 다섯 송이가 쏟아져 나왔다

얼마나 추웠을까

경찰 위에 검사
검사 위에 기자라더니
어느새 알고 몰려와 사진을 찍고
촬영을 해대느라 입에서 단내를 내뿜는다

"강릉 해안도로 승용차 바다에 추락

탑승자 10대 다섯 명 전원 사망"

(2)
곱기도 했다
아가야 엄마 왔다
엄마다. 눈 좀 떠봐
흔들어 깨우는 어미를 어린 딸은 고운 침묵으로 맞았다

눈은 또 돌고래 눈처럼 어찌나 맑던지

"자, 확인절차 끝났습니다. 이제 장례식장으로 가시면 됩니다"
저놈은 무슨 빽으로 저리도 무심할까

이게 꿈 같은 생시인가
생시 같은 꿈인가
이 꿈이 깨기를 바래야하나
깨지 말기를 바래야하나

(3)
꺼이꺼이 우는 녀석 앙앙 우는 계집아이
컥컥 쉰 소리 훌짝 훌짝 코울음
학생 손님만 칠백 명도 넘게 왔대
어린 것이 꽤 잘 살았네

칠백 명이면 뭐 하고 칠천이면 뭐 하나
잘 살았으면 어떻고 못 살았으면 어떠랴
다 소용 없는 일이지만 그래도 지푸라기 삼아
울음들과 함께 넣어 관 뚜껑을 닫았다

슬픈 사람에게는
빗소리가 오히려 다정한 법
차창을 두드리는 빗방울은
불티 소리처럼 아늑하기만 한데
강가에 늘어선 벗나무엔
연분홍 솜사탕이 구름인 양 피었는데

(4)
"이제부터는 마음 단단히 먹어야 해요.
마지막 선물들 모두 관 위에 올려놓으세요."
마음 단단히 먹을 새도 없이 불길은 오열마저 삼켜 버렸다

얼마나 뜨거울까
원래 불꽃 같은 아이였어

저 화부는 철학자인가

해탈승인가
세상사와는 상관없는 표정으로
디오게네스의 술통집보다 아담한
항아리에 딸아이를 담아 건넨다

(5)
매화 2실 199호!
당분간 딸아이가 머물 아파트
이제 저 슬픔도 눈물도 없는 곳으로 가니
웃으며 보내야 한다지만
미안하게시리 웃지 못했다

지우려 애쓰지 않고
간직하고 살겠다는 아내를
부축하여 내려오는 낮은 하늘엔
쿠억 쿠억 고라니 울음소리만
깃발처럼 나부끼고 있었다

아지랑이처럼 마음속에 피어오르는 봄노래

─최숙자 〈개나리 처녀〉

중국 당나라 때 동방규라는 시인이 살았다지요.

그는 전한前漢의 효원황제孝元皇帝때, 왕소군王昭君이라는 궁녀가 흉노족의 우두머리 호한야에게 공물에 끼워져 시집간 것이 못내 아쉬워 '소군원昭君怨'이란 시를 지었다네요.

왕소군은 하늘의 기러기도 그 미모에 넋이 나가 날갯짓을 잊고 떨어질 정도여서 낙안落雁이라는 수식어가 붙었다고들 합니다.

동방규는 그 일이 어지간히도 배가 아팠던 모양입니다.

칠백 년이나 지난 일을 다시 끄집어냈으니까요.

그런데 그 '소군원'이란 시가 천삼백여 년이나 흐른 이십 세기말에 때아니게 우리나라에서 유행했지요.

춘래불사춘春來不似春!

봄이 왔으나 봄 같지 않구나!

그랬었지요.

'소군원'의 한 구절처럼 '긴급조치'가 서릿발 같던 유신 시절, 이 땅의 봄은 그랬답니다.

봄은 봄이로되 봄이 아니로다!

그 봄의 어느 날 나는 경원선 열차에서 차창 밖을 바라보고 있었습니다.

'처음'이라는 명사가 가장 많이 들어가는 봄이었지요.

그렇게 봄 같지 않은 봄도 처음이었고, 경원선 열차도, 동두천이라는 도시도 처음이었습니다.

망월사역을 지나고 의정부를 지날 때까지는 서울이나 별다름 없이 개나리도 피었고, 멀리 야산엔 진달래 무더기도 보이더니 동두천역에 내려 바라본 들판은 아직 갈빛 세상이었고, 땅거미 드리우는 시가지에는 제법 쌀쌀한 바람마저 불어왔습니다.

그리고 보니 기지촌 클럽도 처음이었고 코앞에서 미군을 본 것도 처음이었고, '양공주'라 불린 여성들도, 클럽 안의 포켓볼 당구대도 처음이었지요.

클럽 골목에 다다르니 네온 간판들이 옥수수 대궁처럼 늘어서 있어 영어 간판을 그렇게 많이 본 것 또한 처음이었습니다.

골목 중간쯤에 있는 '라스베가스'라는 이름의 클럽을 찾아내 '내국인 출입금지' 팻말이 붙은 문을 열고 들어선 나는 웅장한 음향에 벌써 제 압당하고 말았지요.

주말이라 그런지 이른 초저녁임에도 북적이고 있었고, 낯선 '엽전'[1]을 향한 힐끗거림이 어두침침한 불빛 속에서도 훤히 보이는 듯했습니다.

나비넥타이를 맨 바텐더에게 사장님을 찾으니, 손가락으로 천장을 가리키기에 올려다보니 비행접시 모양의 음악실이 매달려 있었습니다.

사다리를 타고 올라가니 한 중년 아저씨가 음반을 고르느라 끙끙대다가, 나를 보더니 더 이상 알아볼 것도 물어볼 것도 없다는 듯 의자에 끌어 앉히곤 음악실을 내려갔습니다.

주방장 아줌마가 올려다 준 오므라이스를 틈틈이 떠 넣으며 그렇게 정신없이 기지촌에서의 첫 밤이 지나갔습니다.

"이상하게 형이 좋아요. 디제이 형들이 많이 있었지만 다들 나를 무시하고 시켜 먹기만 했어요."

이름이 석이라 했습니다. 열여덟 먹었다 했지요,

'라스베가스' 클럽에 웨이터로 온 지 벌써 이태나 지났다 했습니다.

이튿날 낮에 그는 동두천이 처음인 나를 위해 기지촌 이곳저곳을 구경시켜 주었습니다.

클럽 골목 뒤로 흐르는 냇가를 거닐 때 아직 낯설 텐데도 붙임성 있게 많은 얘기를 들려주었습니다.

며칠 전에 내 전임 디제이가 주인의 외동딸과 눈이 맞아 도망쳤다는

---

1) 엽전: 한국 사람의 낮춤말.

얘기도 키득거리며 들려주었고, 그제야 디제이를 허겁지겁 구하게 된 이유를 알게 되었지요.

"이 물을 따라 올라가면 소요산이 나와요. 그 밑에 있는 마을에서 태어났어요. 백 리도 안 되는 거리인데도 이 물 저 물 섞여서 이렇게 시커멓게 썩어 냄새가 코를 찌르네요. 세상이 그런가 봐요. 사람이 많이 모이면 똥파리가 꾈 정도로 썩나 봐요."

나는 생각했지요.
'이 녀석은 일찍 세상으로 나와서 그런지 어둠을 보는 눈이 빠르구나.'

그는 고아라 했습니다.
엄마는 석이가 태어나자마자 어디론가 가버렸다네요.
시집오기 전에 장래를 약속하고 깊게 사귄 총각이 있었는데, 부모님이 그 총각을 탐탁지 않게 여기다가 총각이 군대 간 틈에 석이 아빠에게 강제로 시집을 보냈다는 소문이 마을을 떠돌았다 합니다.
석이 아빠는 그 뒤로 술병을 허리춤에 차고 살다가 술이 모자랐는지 농약을 마셔버렸다지요.
그 뒤 6·25 과부인 할머니가 그 핏덩이를 키웠는데, 이태 전에 할머니마저 명줄을 놓아버려 중학교도 마치지 못한 채 살길을 찾아 물길 따라 그곳으로 떠내려왔다 했습니다.

"빼앗긴 들에도 봄은 오는가?" 이상화 시인의 탄식처럼 썩은 물이 흐르는 시냇가에 들쑥이 눈곱을 떼고 원추리도 손톱을 내미는 봄이 오고 있었습니다.

"어머, 석이야! 봄바람 쐬러 나왔구나. 새로 온 디제이도 같이 오셨네. 바람 쐬고 누나 집에 와. 수제비 끓여줄게. 오늘 리키 없어. 근무야."

"'개나리 누나'에요. GI[2]들은 '포르시'라 불러요. 무지 착해요. 리키하고 미국으로 간대요. 혼인신고도 했대요."

"포르시는 아마 개나리란 뜻일 거야. 영어로 '포르시티아'거든."

"나도 여군 GI 만나서 미국 가는 게 꿈이에요."

'포르시'가 사는 동네를 '생연리'라 했습니다.
클럽 골목이 있는 '보산리'에서 다리 하나 건너에 있었습니다.
부엌 하나가 딸린 단칸 셋방에 들어서니 그녀는 벌써 멸치육수를 끓여 놓고 반죽을 치대고 있었습니다.
입으로는 "이렇게 누추한 곳에 오라고 하여 쑥스럽다." 하면서 손은 재빠르게 수제비를 끓여 왔습니다.
참으로 오랜만에 '엄마 손맛'을 기억하게 하는 점심이었지요.

2) GI: 미군병사

식사를 마치자마자 그녀는 물보다 먼저 '개나리' 담배를 빼 물었습니다.

내가 "개나리가 개나리를 태우네요." 했더니 그녀는 피식 웃고는 허공을 바라다보더니 이내 눈을 감았습니다.

그녀의 고향은 경상도 어디라 했습니다.

대대로 가난을 유산으로 물려주는 집안에서 맏딸로 태어났다 했습니다.

동생 여섯에다 할머니까지 합하면 입이 열이었으니 도지농사로는 보리죽도 제대로 못 먹었겠지요.

그녀가 열여섯 먹던 해, 우물가에서 보리쌀을 씻는데 옆집 훈장 집 라디오에서 흘러나오는 노래가 그렇게 서럽게 애간장을 훑더라네요.

나중에 알고 보니 그 노래가 〈개나리 처녀〉라는 노래였는데, 가사가 당시 자가와 상황과 딱 맞아떨어지더라 했습니다.

노래 내용처럼 자기네 마을 우물가에도 개나리가 볏가리처럼 늘어서서 피고 우물 바로 옆에는 수양버들 고목이 집채만 한 그늘을 드리우는 곳이라 했습니다. 더군다나 "이팔청춘 봄이 가네"라는 대목에서는 눈물이 뜨물 위로 뚝뚝 떨어지더라지요.

'이래선 안 되겠다. 이건 사는 게 아니다. 이렇게 살다 간 우리 식구 평생 이밥 한 그릇 못 먹겠다.' 싶어 친구인 금순이와 짜고 부모님 몰래 금순이네 닭장에다 병아리를 두 마리 사다 넣었다지요.

그 병아리가 커서 알을 낳기 시작하니 금순이가 그녀의 닭이 낳은 알은 따로 모아주더랍니다.

그 달걀을 장에 내다 팔아 꼬박 일 년을 모은 뒤, 농번기를 앞둔 어느 봄 새벽에 무작정 상경 길에 올랐다지요.

세상 물정을 모르는 그녀였기에 그 돈이면 여비가 웬만큼 자랠 줄 알았나본데, 버스 삯 내고 기차표 끊고 나니 몇 푼 안 남더랍니다.

하루 종일 쫄쫄 굶어서 청량리역에 내리니 하늘이 노랗더라지요.

그런 데다 읍내 구경도 제대로 못 해본 처녀가 홀로 서울 땅에 떨어졌으니 완전히 넋이 빠졌겠지요.

하도 무서워 보따리를 부둥켜안고 벌벌 떨고 있는데 "어이, 아가씨." 하고 누가 부르더랍니다.

"취직하러 왔구나. 이리 와 내가 좋은 데 넣어줄게." 그 말을 들은 그녀는 '하늘이 무너져도 솟아날 구멍은 있구나!' 싶더랍니다.

"얼굴을 보니 종일 굶었구나. 우선 요기부터 하자."며 근처 국밥집으로 데려가더랍니다. 얼마나 허기가 졌는지 체면이고 뭐고 게 눈 감추듯 국밥 한 그릇을 뚝딱 비웠다지요.

"오늘은 이미 해가 졌으니 이 아저씨가 아는 집에서 자고 내일 가도록 하지."

'세상에는 이렇게 고마운 사람도 사는구나.' 생각하니 조금도 의심이 안 생기더랍니다.

그 아저씨가 안다는 집을 따라 들어가니 복도 양쪽으로 방문이 줄을 이었고 맨 구석에 있는 방으로 그녀를 데리고 가더랍니다.

쪽방 안으로 들어서니 여독에다 배도 부르고 긴장이 풀려 잠을 주체할 수가 없더랍니다. 그대로 쓰러져 얼마쯤 자다 보니 무언가가 무겁게 짓누르고 아랫도리가 찢어지는 느낌이 들어 깨어보니 그 고마운 아저씨가 짐승으로 변해 있더랍니다.

악몽 같은 밤이 지난 다음 날 그는 그녀의 옷을 감추고는 먹는 것도 방으로 가져와 먹였고, 용변 볼 때도 속옷만 걸치게 하고 변소까지 따라와 감시하더랍니다.

그 뒤로도 며칠을 더 그에게 농락당한 끝에 그녀는 '오팔팔'이란 곳에 넘겨졌고, 남산 기슭의 '양동'과 '영등포역' 뒷골목을 거쳐 그곳까지 오게 되었다 했습니다.

"어느 날 담배 가게 앞을 지나는데 개나리 사진이 들어있는 담배가 보이는 거예요. 고향 생각이 나서 양담배 대신 '개나리'를 피우게 되었지요. 그런 이유로 주위에서 '개나리 처녀'라 놀리더니 나중엔 그냥 '개나리'라 부르더군요."

"미국에 가면 행복할 것 같아요? 그렇지 않은 사람도 많다던데."

"상관없어요. 내 몸이 부서져도 내 동생들 미국으로 불러들이고 우리 집 가난 면할 수만 있다면."

그 말을 마친 그녀는 처음 보는 내게 지나온 일을 털어놓는 이유를 밝혔습니다. 지난밤 나를 처음 봤을 때 소스라치게 놀랐답니다.

바로 밑 동생인 줄 알았다 하더군요.

내가 그렇게 닮았더라나요. 그러면서 동전만 한 하회탈 목걸이를 만

지작거렸습니다. 손재주 좋은 그 동생이 깎아 준 거라 했습니다.

　그 뒤로 그녀는 나에게 친누나처럼 잘해줬고 석이도 친동생처럼 따랐지만, 몇 달 뒤 나는 그곳을 떠날 수밖에 없습니다.
　본고장 음악이 궁금해 기지촌으로 오디세이를 떠났고, 우리의 유행과는 동떨어진 새로운 음악을 배우는 재미도 컸지만, 오래 머물 곳은 아니라는 판단이 섰기 때문이지요.

　또다시 봄 같지 않은 봄입니다.
　춘분에도 함박눈이 내리고 바람도 아직 얼음 맛이 납니다.
　그때 그 봄처럼.

　　　개나리 우물가에 사랑 찾는 개나리 처녀
　　　종달새가 울어울어 이팔청춘 봄이 가네
　　　어허어어야 얼씨구 타는 가슴 요놈의 봄바람아
　　　늘어진 버들가지 잡고서 탄식해도
　　　낭군님 아니 오고 서산에 해지네

　　　석양을 바라보며 한숨짓는 개나리 처녀
　　　소쩍새가 울어울어 내 얼굴에 주름지네
　　　어허어어야 얼씨구 무정코나 지는 해 말 좀 해라
　　　성황당 고개 너머 소 모는 저 목동아

가는 길 멀다 해도 내 품에 쉬려마

—<개나리 처녀> 가사 전문(작사 천지엽 / 김화영 곡)

천지엽이 노랫말을 쓰고 김화영이 곡을 붙인 봄노래의 대명사 〈개나리 처녀〉는 1957년에 '신성레코드'에서 발매되어 많은 사랑을 받았다.
최숙자의 데뷔곡으로 당시 그녀의 나이 열일곱이었다.
작사가 천지엽은 본명이 천정식으로 천일파라는 이름도 썼다.

작곡가 김화영은 1940년대 말부터 활동하여 50년대에는 수많은 인기곡을 냈지만, 명성에 비해 개인 정보가 알려진 게 별로 없어 아쉬움을 감출 길 없다. 최숙자 역시 〈눈물의 연평도〉를 비롯하여 〈그 러긴 가요〉, 〈가는 봄 오는 봄〉, 〈모녀 기타〉, 〈갑돌이와 갑순이〉 같은 묵직한 히트곡을 냈지만, 일찍 미국으로 가는 바람에 얘깃거리를 많이 남기질 않았다.
1941년에 태어나 '77년에 미국 캘리포니아로 갔고, 2012년에 뇌졸중으로 영면에 들었다.

이팝나무 그늘에서

—김상아

늦은 봄일 테지
봄이 늦은 만큼 점심도 늦어
그림자들이 오그렸던 고뱅이¹⁾를 길게 펴면
싸래기 맺히는 이팝나무 아래에서
아내가 사리지은 국수에
고즈넉을 한 사발 부어 마시고 평상에 눕는다
새파란 바다엔 솜털 같은 섬들이 떠가고
물갈나무²⁾ 죽방³⁾엔 온갖 새들이 걸려들어 펄떡이겠지
백년가약으로 심었는데 어느새 이렇게 그늘이 지네
아내는 내 팔을 끌어다 베며 대견하다 속삭이겠지
둘이는 오수의 못 속에 잠기겠지

이른 여름일 테지
여름은 이르지만 짝 짓기는 늦어
노고지리⁴⁾ 새살림 차리는 소리
단오장터처럼 분주해지면
어느새 아들 녀석은 인절미 손으로 내 등을 토닥일 테지
아내는 샘물에 앵두를 씻어 대소쿠리에 담아내고
물방게 논에 모내는 소리 봇도랑 타고 올라올 때

우리 세 식구 엽록소에 물들겠네
이밥 덩이 뜸드는 이팝나무 그늘에서

끝물고추 딸 때쯤일 거야
계절도 해 걸음을 닮아 서산에 걸리고
아내의 가무잡잡한 주름도 계절처럼 가을마당에 들어섰을 때
그미는 햇고구마 다래끼⁵⁾를 먼발치에 밀쳐놓으며
서방이 누었던 자리에 앉아 자수틀에 옛 기억을 놓겠지
고슴도치 배 열어 알밤 떨어뜨리는 소리에
고개 들어 삼태기 어깨를 고목으로 울퉁불퉁해진
이팝나무에 기대 펴겠지
이때가 그때인가 그때가 이때인가
꿈같은 시간들이 두런거리고
아들 녀석을 쓰다듬으며
지금은 곁에 없는 내 얘기를 하겠지
한 남자가 있었단다
음악을 사랑했고 문학을 사랑했고
무엇보다 이 애미를 사랑했단다
신을 믿지 않는 오만함도 있었지만
그럭저럭 쓸 만한 구석이 많은 사람이었지

쌀쌀한 바람담요가 모자母子의
어깨를 감쌀 때까지 둘의 얘기는

화투장 섞듯 세월을 끼워 넣으며 이어지겠지
정수리 성글어지는 이팝나무 그늘에서

1) 고뱅이: 무릎
2) 물갈나무: 참나무과. 신갈나무의 삼척지방 사투리.
3) 죽방: 멸치를 잡는 시설.
4) 노고지리: 종달새
5) 다래끼: 허리에 차는 싸리나무로 만든 바구니.

백선[1]

―김상아

벌써 닷새를 앓았습니다
죽는 것도 제 맘대로 못 하는 게
농투성이인지라
앓는 것도 제 맘대로 앓지 못하고
자리 털고 일어나
지팡이 짚고 비탈을 올랐습니다
단비 맞은 고사리가
고개를 빳빳이 쳐들고 목청 높여
나를 불렀거든요
보리수나무 밑엔 벌써
진 꽃이 말라 소금더미로 소복하고
어수리 새싹은 들기름 바른 듯
반지르르했습니다
"봄처녀"의 높은 음표들을 거두며
고사리 밭 끝자락에 다다랐을 때
나는 그만 눈물을 지리고 말았습니다
아픈 허리가 도져서가 아니고요
개두릅 가시에 손가락이 찔려서도 아니고요
날파리가 눈을 파먹어서도 아니고요

땅만 보다 눈을 들어 산 위를 보니
그곳에는 당신이
갓 짜낸 비단 옷을 입은 당신이
흰 바탕에 보일 듯 말 듯
비색翡色[2]이 도는 저고리에
진초록 치마를 입은 당신이

1) 백선: 운향과의 여러해살이 식물, 뿌리는 봉황삼 또는 봉삼이라 불
    리며 약재로 쓰인다.
2) 비색翡色: 물총새처럼 영롱한 색이 겹쳐 도는 색.

파도에 밀려오는 사랑의 기억

—송민도 〈나 하나의 사랑〉

기억하나요?

'한 섬' 들목의 '바다 새'라는 커피숍을.

창문엔 늘 두툼한 커튼 자락이 반쯤 내려져 있고, 희뿌연 전구들이 바닷바람에 한들한들 졸고 있는 그 커피숍을.

손님의 그림자조차 보기 힘든 그 적막한 커피숍을 지나면 당신과 내가 매일 찾던 산책길이 시작되지요.

오른쪽에는 푸른 바다가 하늘만큼 펼쳐져 있고 왼쪽 언덕에는 해송들이 빼곡한 길.

그 길을 걸으면 비릿한 미역냄새가 나기도 하고 풋풋한 들풀냄새가 나기도 하는 그 길 말입니다.

인적 없는 그 숲길은 간밤에 내린 봄비로 처녀림 같은 신비감마저 돌고, 겨울을 견딘 뽕잎 하나가 나뭇가지 끝에서 풍경처럼 간당입니다.

우리는 그 길에서 수많은 이야기를 눈빛으로 나누었지요.

대화의 마지막은 늘 그 어떤 고난이 와도 이겨 내자는. 한순간도 떨어지지 말자는. 같은 날 같은 배를 타고 영원의 항해를 떠나자는.

보고 있나요?
그때 그 길을 지금 나 혼자 걷고 있다는 것을.
밀리는 파도도, 세찬 비바람도…
지워지지 않는 당신의 흔적들을 고스란히 되짚으며 걷고 있다는 것을.

당신이 떠나간 지 어느덧 다섯 해가 흘렀네요.
후회하고, 후회하고 또 후회했어요.
그때 당신을 말리지 못한 것을.
원망하고, 원망하고 또 원망했어요.
봄설경에 홀려 단독 등반에 나선 당신의 고집을 꺾지 못한 것을.

야속한 사람!
한순간도 떨어지지 말자던 약속은 어찌 되었나요?
같은 날 같은 배를 타고 떠나자더니.
하기야 나도 아이들 때문이라는 이유 때문에 약속을 지키지 못했네요.
같은 날 같은 배로 떠나자던 약속을.
당신이 있는 곳에서도 '김상아의 오래된 라디오'가 들리지요?
송민도의 '나 하나의 사랑'으로 내 마음을 전할게요.
영원한 내 사랑!

　　나 혼자만이 그대를 알고 싶소

나 혼자만이 그대를 갖고 싶소
나 혼자만이 그대를 사랑하여
영원히 영원히 행복하게 살고 싶소

나 혼자만을 그대여 생각해주
나 혼자만을 그대여 사랑해주
나 혼자만을 그대는 믿어주고
영원히 영원히 변함없이 사랑해주

—<나 하나의 사랑> 가사 전문(작사·작곡 손석우)

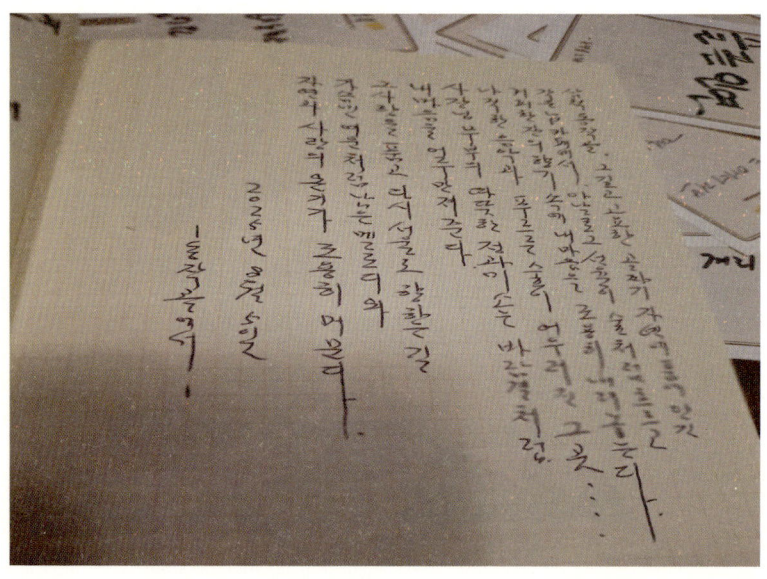

우리나라 TV주제가의 인기시대를 연 송민도는 1923년 경기도 수원에서 태어났다. 목회자인 아버지의 부임지가 자주 바뀌는 바람에 만주에서 해방을 맞았고, 학업 역시 늦어져 스물세 살에 이화여고를 졸업하였다.

여고를 졸업하던 1947년에 제1기 KBS전속가수 모집에 응시하여 합격하였다. 그때 이미 기혼자의 몸이었지만 진보적성향의 남편과 가족들의 전폭적 지원으로 가수의 길을 걷게 된다.

같은 해에 데뷔곡 〈고향초〉가 송민숙이란 이름으로 발표되었는데, 본인의 동의 없는 음반사의 독단이었다.

그 후 그녀는 자신의 본명을 고집하여 관철시켰고, 1956년에 후배가수 안다성과 함께 '청실홍실'의 주제가를 불러 스타의 반열에 오른다.

'청실홍실'의 주제가인 〈나 하나의 사랑〉은 1955년에 만들어진 작곡가 손석우의 데뷔작이다.

KBS악단장을 역임한 송민영은 그녀의 친동생이기도하다.

가성과 기교를 부리지 않는 고급스런 창법으로 한 시대를 풍미했던 송민도! 2023년 100세를 40여 일 앞둔 2월 28일에 LA의 한 요양원에서 영면에 들었다.

여름

남국의 벗에게

─김상아

그곳에도 붓꽃이 질 때
꽃잎 위에 비가 내리나요

제비는 땅을 스치듯 날고
풋살구가 콩알 튀듯 소복이 떨어졌나요

그대가 거닐던 발자국의 체취는
도랑물이 흘러도 여전한데
한 해에 한 번은 보자던 다짐
벌처럼 꽃밭 가에 잉잉거리는데

그곳 사람들도 그리움이 차오르면
눈가에 눈물짓나요

탁란[1]

나 알고 있었더라
내가 깐 알이 아니라는 걸

그래도 품었더라
내 알도 네 알도 알은 다 귀하기에

네 알에서 먼저 나온 새끼
내 알들 둥지 밖으로 떨어뜨려도
운명으로 여겼더라
어미보다 더 큰 새끼
부리 닳도록 먹여 키웠더라

그 새끼 깃털 돋아
뻐꾸기 되어 날아가던 날
까 보지도 못한 내 새끼들
내 가슴을 가르더라
피울음 휘파람 소리 숲을 채우더라

갈라진 가슴 틈으로

연꽃 한 송이 피어오르네
내 인고를 먹은 연 뿌리
숨어 자라고 있었더라

1) 탁란: 어떤 새가 다른 종류의 새의 집에 알을 낳아 대신 품어 기르
도록 하는 일.

영원한 추억의 거리

—김수희 〈남포동 부르스〉

부산이란 도시가 아름다워서가 아니었다.

재첩국이나 밀면, 붕장어 같은 부산 음식이 그리워서도 아니었고, 국제시장 아지매들의 70년 이어져 온 호객 소리를 듣고 싶어서도 아니었다.

그를 찾아야 했다.

남포동 거리, 광복동 골목, 용두산 공원에 찍은 S 자신의 발자국을 찾아내는 건 그다음 문제였다.

그를 만나는 게 가장 큰 목적이고 그렇게 되기를 냄비가 타도록 졸이고 또 졸였다.

어쩌면 영원히 찾을 수 없을지도 모르는 그를 찾아 꼭 50년 만에 밟은 부산 땅에서 삼복 불볕더위에 옛 기억을 더듬으며 거리를 헤매고 다녔다.

"아저씨요, 그 절므이 방값이 얼만데예?"

참으로 딱한 노릇이었다.

그 여인숙 주인의 입장도 이해를 못 하는 건 아니지만 별 뾰족한 방법이 없는데도 돈만 내놓으라고 윽박지르니 말문이 막힐 수밖에 없었다.

일이 꼬인 건 S가 친구의 말을 너무 믿은 탓이었다.
아니 그 친구도 말을 터무니없이 부풀리거나 풍을 친 것도 아니고 기름칠을 좀 한 것뿐인데 일이 틀어지려니 그리되고 만 것이다.

S는 당시 서울에 있는 한 대학의 재학생이었다.
어려서부터 트랜지스터라디오를 베개 삼아 끼고 살았던 S는 대학입시가 끝나자마자 음악다방에서 디스크자키 활동을 시작했다.
그렇게 두어 해 활동하다 보니 목소리도 제법 그럴싸해지고 진행 솜씨도 꽤 늘어있었다.
그때 마침 같은 음악실에 근무하던 친구가 부산으로 일자리를 옮겨 가더니 편지에다 부산 자랑을 줄줄이 적어 보냈다.
자랑만으로는 성이 안 찼는지 일자리가 하나 비었으니 방학하자마자 내려오라며 휘발유를 확 부었다.

S는 그날부터 밤잠을 설쳤다.
일본과 가까워서 칼라TV가 나온다는 곳, 날씨가 포근해서 겨울에 눈도 안 내리고 외투도 필요 없다는 곳, 거리에는 미녀들이 넘쳐나고 해산물이 지천에 널렸다는 곳.
그것도 그거지만 결정적으로 S의 궁둥이에 불을 붙인 건, 밀수로 들여온 고급 오디오와 음반이 서울에 비하면 비교불가일 만큼 환상적이라는 사탕발림이었다.

따지고 보면 S의 경솔함도 없지 않았다.

정 가고 싶으면 차분히 준비해서 가면 될 것을 알분[1]시리 또 다른 디제이 친구에게 편지 내용을 떠벌린 것이다.

그 말을 들은 그 친구 역시 맨입에 고추장을 한 숟가락 떠넣은 듯 후끈 달아올랐다.

자기도 따라나서겠다는 것이었다.

일자리야 이곳저곳 며칠 쑤시고 다니면 되지 않겠냐며 눈에서 불이 뿜어져 나왔다.

"희철이냐? 나 지금 부산역이야. 어떻게 찾아가면 되냐? 민이도 같이 왔어."

버선발은 아니더라도 반색의 들뜬 목소리가 들려올 줄 알았던 S는 가슴에 식빵이 턱 걸리는 것 같은 느낌이 들었다.

보이지는 않아도 무척 난감해하는 희철이의 모습이 수화기만으로도 충분히 전해졌다.

여기까지 왔으니 얼굴도 볼 겸 일단 오기는 해보라는 목소리가 젖은 행주처럼 무겁게 처져있었다.

1) 알분: 가벼이 아는 체 하는 것.

부둣가에 앉아서 소주를 까는 건 처음이었다.

자갈치 시장이 문 닫을 시각에 맞춰 그 옆 부둣가에 좌판이 벌어지는데, 생선상자를 엎어놓고 회를 썰어 파는 아지매들과 술꾼들의 그림자가 부표처럼 물 위에 떠다녔다.

"저기 붉은 불빛이 유난히 빛나는 곳 있지? 저기가 그 유명한 완월동이란 데야. 오팔팔이나 양동이나 영등포역은 사창이잖아.

저기는 공장이야. 일제 때부터 있었대."

숙제 안 해간 학생 선생님 눈치 살피듯 묻지도 않는 말로 혀를 축인 희철이가 본론을 꺼내 좌판 위에 펼쳤다.

같이 근무하던 디제이가 군대를 갔다는 얘기, 그래서 자리가 비기에 주인에게 S를 추천했다는 얘기, 주인도 OK 했다는 얘기, 그런데 그 백여시(백씨 성을 가진 여주인)가 자기 조카가 졸라서 어쩔 수 없다며 그와 함께 일하라 했다는 얘기 등을 늘어놓으며 이왕 이렇게 되었으니 하루 이틀 구경이나 하다 가라며 술값을 치렀다.

민이와 S는 통금을 피해 아무 여관이나 들어가야 했다.

밤새 둘이 맷돌을 맞대고 굴린 결과 일단 버틸 때까지 버텨보자는 쪽으로 생각을 맞췄다.

아쉬움이 남기도 하지만 실력이 없어 쫓겨왔을 거라고 수군댈 게 맹물 사발의 고춧가루 보듯 빤히 보였기 때문이었다.

그런데 문제는, 둘 다 빈털터리라는 게 문제였다.

S는 내려가면 금방 일을 하게 될 테니 어떻게든 꾸려나가게 될 것이라 믿었고, 민이는 민이 대로 친구가 둘이나 일을 하니 뭐가 돼도 되겠지 하는 마음으로 따라나섰던 것이다.

바람 든 무마냥 허상에 홀린 둘은 월급날도 안 채우고 때려치우고 부산으로 내려와 버리고 만 것이다.

여관에서 나와 늦은 아침을 먹고 나니 둘에게 남은 돈은 동전 몇 닢뿐이었다. 둘은 그때부터 음악다방이건 생맥주집이건 디제이를 쓰는 집은 죄다 뒤지며 일자리를 구하고 다녔다.

하지만 그 많은 업소 가운데 자리가 빈 곳은 한 군데도 없었다.

경험이 적은 둘은, 쫓겨나거나 아주 특별한 경우가 아니면 겨울철에는 굴 안의 오소리처럼 콕 처박히는 디제이 계의 생리를 미처 몰랐던 것이다.

"하루 종일 굶었냐? 둘 다 눈이 쑥 들어간 게."
"너 돈 좀 있냐?"
"어젯밤에 다 썼잖냐."
"얌마, 가불이라도 좀 해라."

희철이는 어제 술값도 가불한 것이라며 퉁퉁 불은 입술로 카운터의 '백여시'에게로 가서 연신 머리를 조아렸다.

둘은 강탈하다시피 한 돈으로 민생고를 해결하고 나니 여관비가 모자랐다.

둘 가운데 언변이 좀 나은 S가 여관주인을 만나 여차저차 해서 일이 이렇게 저렇게 된 것이니 좀 깎아 달라고 통사정했다.

둘의 행색을 아래위로 탐색하던 중년의 여주인은 "마, 정 그라마 부산진역 앞에 있는 '텍사스촌'에 가보이소. 거게는 그 돈으로 잘 수 있을기구마."

'초량동 텍사스촌'! 한눈에 척 봐도 남포동과는 확연히 구별되는 퇴락의 영상이 흐르는 거리였다.

둘은 그 가운데서도 가장 허름해 보이는 여인숙에 들어가, 늙수그레한 첨지에게 혓바닥 공양을 바친 끝에 다음 날 아침 라면값은 남길 수 있었다.

비 맞은 솜이불이 된 둘은 내일은 서면 쪽을 한 번 훑자는 말만 간신히 나누고 모루보다 무겁게 어둠으로 떨어졌다.

민이가 돌아오질 않았다.

그 이튿날 서면에서도 허탕을 친 둘의 영혼은 허기진 육신을 그 여인숙에 힘겹게 끌어다 놓았다.

나이는 어리지만 이미 산전수전을 다 겪은 S는 그런 위기상황에서 살아남는 방법을 알고 있었다.

S는 입고 있던 양복 상의를 벗어 주인에게 맡기며 배수의 진을 쳤다.

이제 남은 희망은 희철이가 또 가불을 해서 구출하러 오는 수밖엔 없었다.

그때까지는 며칠이 걸리더라도 수돗물만으로 살아남아야 했다.

날이 새자 주인은 전깃불도 못 켜게 했다.

쪽창도 하나 없는 골방은 방문에 뚫린 엽서만 한 구멍으로 복도의 희끄무레한 빛만 허용되고 있었다.

점심때가 다가오자 옆방 손님이 나가는 기척이 들렸다.

민이가 잽싸게 나가더니 재떨이에서 가래침에 절은 꽁초 몇 개비를 건져 왔다.

민이는 심각한 표정으로 꽁초를 빨더니 결의에 찬 표정으로 잠깐 다녀오겠노라며 나간 뒤 돌아오지 않는 것이다.

"아이고 야, 보소 아재, 친구 기다리능교?

그 친구는 하마 벌써 옛날 고릿적에 갔심더.

내한테 쌍마 청바지[2] 팔아가 튓삣으요."

나중에 알게 된 일이지만 복도에서 한두 번 마주쳤던 그 여성은 그 집을 거점으로 활동하는 직업여성이었다.

퀭한 눈으로 어렵사리 초점을 맞추며 변소에 다녀오는 S에게 던진 참깨 씹은 목소리가 그녀와 S의 첫 대화였다.

그 여성 말대로 민이가 '튀삐고'나니 여인숙 주인은 팔을 걷어붙이고 S를 쥐 몰 듯했다.

[2] 쌍마 청바지: 미제 리바이스 청바지. 말 두 마리가 새겨진 로고 때문에 그렇게 불렀다.

그 소란으로 건넌방에 묵었던 손님이 나가려던 발길을 멈추고 끼어들게 된 것이다.

"이틀 치니까 이천 원입니다마는 근데 와 손님께서… 미안쿠로…"

당장 돈 내놓고 나가라며 금방이라도 팰 것 같던 첨지는 찰나에 감을 잡고 노기를 누그러뜨렸다.

"마, 됐심더. 살다보면 이런 일 저런 일 다 겪는다 아입니까.

돈 멫푼에 젊은 사람 너무 기죽이지 마소. 그라고 총각은 우와기[3] 걸치고 내하고 나가입시더."

그는 스스로를 '뱃놈'이라 했다.

고아원에서 뛰쳐나와 통발[4]로 떠돌다가 열일곱 살부터 배를 탔다고 했다.

그는 택시를 잡더니 송도의 어느 복 집으로 S를 데리고 갔다.

"앗다 마, 어젯밤에 디게 빨았디이만에…"

그는 물수건으로 얼굴에 흐르는 술독을 닦으며 후루룩후루룩 복국을 들이켰다.

"부산에서는 복국에 초장을 타서 묵지예.

3) 우와기: 윗저고리의 일본말.
4) 통발: 뿌리 없는 수생식물.

무을만 해예. 메칠 굶어가 이것 가 몬지르겠지마 좀 참으소.
딴 거 또 무야 하이께네."
"저… 말씀 낮추세요. 아직 어린걸요. 그리고 형님이라 불러도 될
까요?"
"마, 그라입시더. 인자부터 행님 캐라 이름이 뭐꼬?"

S는 영 마음이 편치 않았다. 방값을 이틀 치나 물어준 것도 미안해
죽겠는데, 복국까지 사주고 한술 더 떠 또 다른 걸 먹으러 가잔다.
둘은 소화도 시킬 겸, S에게 부산 구경도 시켜줄 겸, 영도 봉래산을
건너다보며 송도 언덕길을 걸어 내려왔다.
S가 초량동 여인숙에 볼모신세가 된 사연의 자초지종을 변명처럼 늘
어놓다 보니 어느새 자갈치 시장 앞에 구두코가 닿아 있었다.

"동생아, 아나고 무 봤제? '안 하고는 몬 배긴다.' 카는 거."
자갈치 시장안의 단골횟집에 자리를 잡자마자 그는 바닷장어회를
시켰다.
"일이 그리 됐뺐으마 내 하고 메칠 노다 집으로 올라 가그라.
여비는 내 줄끼구마. 그라고 돈 쓰는 거 가 부담 갖지 마라.
내는 뭍에 내리믄 니 아이래도 늘 이 정도는 쓴다 아이가."
S는 아직 술도 안 들어갔는데 속이 쓰려왔다.
그렇게 말하는 그의 표정에 짙은 외로움과 고독이 숨어 있음을 보았
기 때문이다.
손끝에 물 한 방울 묻히지 않고 톡톡 털며 자란 것처럼 행동했으나,

그런 면에서는 그와 별반 다를 게 없는 S는 그에게 동류항적 연민을 느꼈다.

　서울의 하오下午와는 원경의 색감과 분위기 자체가 사뭇 달랐다.
　한양도성은 분지에 자리를 잡았지만 부산은 앞이 탁 트인 곳이라 공기순환이 잘 되는 바람에 도심도 쾌적했다.
　둘은 술이 좀 깨면 삼차 가자며 불그레한 얼굴로 일백사십구 계단을 올랐다. 용두산 전망대에 빗금을 긋고 지나간 노을은 부산 앞 바다를 단풍으로 물들이고 있었다.
　검은 거미가 햇살을 갉자 부두의 화물선들이 전등을 켜기 시작했다.
　그 위용은 삼일빌딩을 뉘인 것보다 웅장하고 장관이었다.

"형님, 제 친구 희철이가 있는 데에서 한 잔 더 하면 어떨까요?
올라가기 전에 한 번 더 봤으면 해서요."

　아직은 초저녁이라 분위기는 차분했다.
　낮에는 차와 음료를 파는 곳이지만 밤에는 술집으로 바뀌어 분위기가 왁자지껄 해지는 업소였다.
　통기타 가수도 나오고, 소규모 밴드도 출연하는 그런 곳이었다.
　"야아, 목 빠지는 줄 알았다. 낮에 그 여인숙에 갔었어. 너 어떤 손님하고 방금 나갔다더라."
　S가 문을 들어서자마자 음악실을 뛰쳐나온 희철이가 숨도 안 쉬고 따발총을 쏘아댔다.

"백여시 조카 놈 있잖아. 걔 잘렸어. 생초짜라고 손님들이 수근 거렸
나봐. 백여시가 그런 건 칼이잖아. 너 당장 데리고 오라고 그러더라.

지금부터 당장 일 해야 돼. 나 혼자 지금 6시간째야."

아마 그 어느 직업보다 낯을 많이 타는 직업이 DJ일 것이다.

방송이야 기술담당이 따로 있고, 구성, 연출 등 여럿이 한 조를 이루
어 각자 맡은 일만 잘 해내면 문제될 게 없다.

진행을 맡은 DJ가 간이 커서 놈만 안 탄다면 첫 방송이라 해도 단순
논리로는 문제가 될 게 없는 것이다.

하지만 업소 디제이는 그런 면에서는 확연히 구별된다.

우선 음향기기부터 낯설어 그 분야의 날고 기는 고수라 해도 처음부
터 세밀한 조정과 조절을 한다는 건 어불성설이다.

거기에다 음반의 현황 파악도 문제다.

배열도 배열이지만 어떤 음반이 있고, 어떤 음반이 없는지 알 수
가 없다.

그건 그렇다 치더라도 첫 근무의 가장 어려운 점은 역시 눈과 귀다.

손님이나, 주인이나, 종업원이나 모두 매의 눈과 당나귀 귀로 새로운
DJ의 한 마디 한 마디 일거수일투족에 촉각을 세우고 있기 때문이다.

S의 시계視界는 사방 1미터로 좁혀지고 말았다.

멘트를 할 때는 1미터는커녕 코앞까지도 캄캄해졌다.

음반 찾기도 버거워 죽겠는데 손님 찾는 전화는 양철지붕에 우박 떨
어지듯 했다.

그렇게 불 끄러 간 사람처럼 정신없이 볶아치다가, 가수가 출연하는 순서가 되어서야 잠시 자리를 비울 틈이 생겼다.

S는 나오자마자 그가 있던 자리로 갔다.

"어이, 디제이 이리 와봐."

그가 있던 자리엔 그가 없고 다른 손님들이 있어 당황스러워할 때 카운터의 백여시 목소리가 들려왔다.

"아까 같이 온 손님 찾지? 맥주 몇 병 시켜 혼자 쓸쓸히 마시더니 나갔어.

내일 오든지, 못 오면 다음 입항 때 오겠대."

땅이 꺼지는 것 같았다.

한 번 나가면 한 일 년씩 있다가 온다는 그의 말이 생각난 것이다.

'내일 안 오면 어쩌나. 둘 다 아는 거라곤 이름 석 자밖엔 없는데.

나는 개강이 되면 가야 하는데.'

부산이란 도시가 늘 S의 마음속에 남아 있는 건, 낭만의 도시이고 애달픈 이별의 노래가 유난히 많은 도시라서가 아니다.

전봇대에 낚인 초생달 빛보다 비에 젖은 네온의 밤이 더 어울리는 남포동 거리.

그 거리 어디엔가 실금자상[5]의 아련한 로맨스를 남겨서도 아니다.

---

5) 실금자상: 면도날에 베이듯 실금 같은 상처. 약간의 쓰라림(필자가 만들어 낸 말).

잘 있거라. 잘 가세요. 석별의 인사 한마디 못 나누고 헤어진 곳
이기에.

칠흑보다 어두운 그의 외로움이 남창南唱을 타고 흘러내린 곳이기에.

네온이 춤을 추는 남포동의 밤
이 밤도 못 잊어 찾아온 거리
그 언젠가 사랑에 취해
행복을 꿈꾸던 거리
사랑을 잃은 내 가슴 속에
추억만 새로워
이 밤도 불러보는 이 밤도 불러보는
남포동 부르스

이슬비 부슬부슬 내리는 이 길
첫사랑 못 잊어 찾아온 이 길
어디선가 부를 것 같은
다정한 님의 목소리
사랑이었네 행복이었네
첫사랑 못 잊어
이 밤도 불러보는 이 밤도 불러보는
남포동 부르스

—김수희 <남포동 부르스> 가사 전문(작사·작곡 신상호)

138

김수희가 부른 작품 가운데 최고의 블루스곡으로 꼽히는 〈남포동 부르스〉는 직능경제인단체총연합회장인 신상호가 작사, 작곡하여 1981년에 세상에 나왔다.

　　우리나라에서 가장 큰 노래방은 '사직 야구장'이란 우스개가 나올 정도로 부산은 노래의 고장이기도 하다.
　　떠나는 이와 돌아오는 이가 많은 항구의 정취와 아름다운 풍광, 한국전쟁의 비극과 시련, 피난살이를 끝내고 고향으로 돌아가는 이와 남는 이의 이별의 아픔, 마도로스의 로맨스 등 도시 전체가 무궁무진한 노래 소재이다.

　　〈남포동 부르스〉를 부른 김수희는 1953년 부산에서 태어나 서울 숙명여고를 나왔다.
　　'70년대 초반부터 가수활동을 했지만, 음반데뷔는 늦어 1978년에 가서야 윤항기 작사·작곡의 〈너무 합니다〉로 데뷔했다.

　　대마초 가수의 명단에 들며 가수 생명의 위기를 맞기도 했으나 끈질긴 투쟁 끝에 무죄판결을 받아 내 재기에 성공하기도 했다.
　　수많은 히트곡으로 한 시대를 풍미하며 우리나라 여가수의 대표성 위상을 지니기도 한다.

돌 너와집

―김상아

한 장 사진 같은 오후였다
뒷골 타고 내려온 산죽바람이
넘실넘실 송홧가루를
지붕 위로 나르고

싸리울 가 매화 진 자리에
눈 다래끼만한 매실이 맺히고
장독대 깨진 항아리엔
빗물 고여 있었다

외양간 구멍 난 구유에
댑싸리 기름지게 자라났고
사람이 그리운 추녀 밑은
낙숫물에 봇도랑이 파여 있었다

새끼들 대대손손
등 따시길 빌며 지었을 것이다
점판석¹⁾ 쪼개던 구두박이 손²⁾은
산등성이에 누었는데

142

끊어진 전깃줄로 담쟁이 타고 오르고
벼름박 쥐구멍도 세월에 막혔다
우물가 목단은 무더기로 피어
차오르는 그리움을 붉게 게우고

툇마루에 먹다 남은 음료수 병은
돌아온다는 약속일까?
검게 그을린 서까래는 거미줄 고쟁이³⁾를 입었네
오억 년 기다림을 머리에 이고서

1) 점판석: 고생대지층의 암석. 진흙이 굳어진 암석으로 시루떡처럼
    켜켜이 쪼개진다. 구들장이나 지붕재로 사용됐다.
2) 구두박이 손: 굳은살 박인 손.
3) 고쟁이: 옛날 여성 속옷.

복순이

착한 복순이

녀석은 어쩌면 그렇게
사람을 좋아하게 진화했을까
처음 보는 이도 그저 핥고 비벼대니
개 값도 못 한다 핀잔이나 듣던 복순이는
같이 놀아주는 딸아이를
사람 중에서도 유난히 더 따랐다

녀석은 사람이 다가가면
되돌아서지 못하게 앞발을 모아
장딴지를 껴안곤 했다

가엾은 복순이

외딴 시골집인데도
늘 묶여 있어 사람 나이로는
환갑이 넘도록 새끼 한 번 못 보고 살다
주인을 대신해 갔다

대동맥 박리증!
듣도 보도 못한 병이 워낙 초秒를 다툰다 하여
수술 마친 노모 중환자실로 모셔만 놓고
우는 아기 젖 주러 가듯 달려왔는데도
이미 꾸덕꾸덕 눈을 감고 있었다

얼마나 뜨겁고 목이 탔을까
목줄이 엉켜 그늘로도 못 가
말복 더위 식히려
땅을 파 배를 깔아보고
발톱이 다 닳도록 파고
또 파다가…
부탁받은 이웃이
물만 주고 갔어도…

그리운 복순이

어머니
말 못 하는 짐승이라고 때리지 마시고요
쉰 음식 험한 음식만 주지 마시고요
눈가에 눈곱이 지지 하거든
마이신이라도 섞어 먹이세요

민진이가 커서 찾아올 때까지
키워야 해요

도회지에 사는 나는
가까이서 돌봐주지 못해 늘 신경 쓰였다
저, 멀리에 있는 나의 그리움
찾아가고 싶어도 찾아올 때까지
기다려야 하는 나의 애달픔,

민진 언니도 네가 보고플 거야
언니 오면 새집 짓고
빈 들판을 마음껏 달리자고
그때까지 살아야 한다고
그렇게 쓰다듬었는데…

기적 같은 사랑의 슬픈 뒷모습
—나미 〈슬픈 인연〉

그를 처음 만난 건 이슬비가 부슬부슬 내리는 종로3가의 어느 포장마차에서였다. 화려한 색조의 조명들이 별처럼 피어나던 저녁이었다.

오랜만에 찾는 곳이라 감회도 새로워 옛 생각에 잠기다보니 어느새 왁자지껄한 주변의 소음들이 멀어져가는 기차바퀴처럼 아스라해 지고 있었다.

"저, 혼자이신 것 같은데 제 술 한 잔 받으시겠습니까?"

굵직하게 들려오는 목소리에 고개를 돌리니 두툼한 안경의 한 중년이 내게 소주잔을 내밀고 있었다.

자기도 혼자라 했고 우중독작雨中獨酌을 즐긴다 했다.

말문이 터진 그와 나는 학창 시절로 돌아가 요즘은 술자리에서 자주 회자되지 않는 철학 얘기라든지 문학, 예술 담론으로 시간을 붙들어 놓았다.

긴 얘기 끝에 마침내 서로의 첫사랑 얘기까지 나오게 되었다.

나에게도 슬프게 헤어진 첫사랑이 있었기에 그때로 돌아간 듯 생생하게 들려주었다.

말없이 내 얘기를 듣고만 있던 그가 긴 한숨을 내쉬며 무겁게 입을 열었다.

자기는 몇 년 전에 상처喪妻를 하였다 했다.

고등학생 때 만난 두 사람은 대학생 신분으로 결혼하였다 했다.

신부가 다니던 학교가 미혼여성만 다닐 수 있는 완고한 전통의 여학교이기에, 신부 댁에서 졸업 뒤로 미루라 권유했지만 자퇴를 하고 강행할 만큼 둘은 서로가 서로에게 간절하더라 했다.

신부는 결혼 뒤 열심히 공부해 그보다 더 센 학교에 입학하여 부모님의 실망을 만회시켜 드릴만큼 의지와 신념, 효심도 확고한 여성이라 했다.

취미도 같아 밤늦도록 함께 음악을 듣고 시詩도 짓고 하며 퇴근 뒤엔 늘 붙어 지내도 단 한 순간도 지루함이 느껴지지 않더라 했다.

어쩌면 둘은 아마득한 먼 옛날에 별빛도 가물가물한 먼 곳에서 일란성 쌍둥이로 태어나지 않았나? 싶을 때도 있더라 했다.

두 사람은 그 행복이 영원하리라 굳게 믿었고 50대에 접어들자 교외에 텃밭이 딸린 아담한 집을 마련하여, 손수 소채도 가꾸며 동화 같은 나날을 보냈다 했다.

그날도 밭에서 돌아와 저녁을 먹으며 기분 좋게 반주도 한 잔씩 나누고 일찍 잠자리에 들었는데, 꿈속에서 "여보, 팔이 저려요. 좀 주물러 주세요." 하더라 했다.

그는 고단했기에 아침까지 푹 잤고 개운한 기분으로 깨어나 보니, 아내 역시 그때까지 자고 있더라 했다.

"이 사람, 많이 피곤하구만…" 하며 껴안았더니 이미 몸이 차갑게 굳어 있더라 했다. 꿈속에서 들은 줄 알았던 아내의 애원은 이승에서의 마지막 목소리였던 것이다. 그는 그 뒤 어떻게 버텨왔는지 그 자체가 기적이라 했다.

밥을 먹을 때도 잠자리에서 이불만 들썩여도 아내의 체취로 심장이 대패질 당하는 것 같았고, 길을 걷다가 아내와 즐겨듣던 음악이 들려오면 그녀와의 기억들이 소낙비처럼 쏟아지더라 했다.

얼마 전, 나미의 〈슬픈 인연〉을 턴테이블 위에 올려놔 보았으나, 몇 소절도 채 못 듣고 통곡하고 말았다 했다.

탑골공원으로 향하는 노인들이 하나둘씩 보이기 시작할 때가 돼서야 우리는 자리에서 일어났다.

그 뒤 우리는 그때 주고받은 연락처로 가끔 전화나 문자는 나누었다.

눈치를 살펴 '소주 한 잔 어떠냐?' 물으면 그는 정중히 거절하곤 했다.

그리고 얼마 뒤 나는 그에게서 문자메시지를 한 통 받는다.

"김 형! 김 형과의 만남이 나의 마지막 의미 있는 만남이었습니다.

행복하시길…"

그는 그렇게 아내 곁으로 가버리고 말았다.

멀어져가는 뒷모습을 바라보면서
난 아직도 이 순간을
이별이라 하지 않겠네
달콤했었지 그 수많았던 추억 속에서
흠뻑 젖은 두 마음을
우리 어떻게 잊을까
아~ 다시 올 거야
우린 외로움을 견딜 수 없어
아~ 나의 곁으로 다시 돌아올 거야
그러나 그 시절의 너를 또 만나서
사랑할 수 있을까
흐르는 그 세월에 너는 또 얼마나
많은 눈물을 흘리려나

─<슬픈 인연> 가사 전문(작사 박건호 / 작곡 김명곤)

본명이 김명옥인 나미는 1956년 경기도 동두천에서 태어났다.

아버지가 미군부대 근처에서 레코드 가게를 하는 바람에 어릴 때부터 음악 속에서 살았다. 이때는 '8군 무대'의 전성기여서 영내 클럽과 기지촌 클럽에 출연하는 악단과 악사들이 넘쳐났다.

당연히 그 악사들은 명옥이 아버지 가게를 들락거렸고, 그들 가운데는 악단장들도 섞여 있어 그들과 자연스레 친숙해졌다. 그들은 어린 명옥(나미)의 끼를 알아차리고 노래와 악기를 가르쳐 자신들의 쇼 무대에 세웠다. 그러느라 명옥이는 아예 학교 근처에도 가지 않고 본격적인 연예계 활동에 뛰어들게 된다.

'해피 돌스'라는 여성 5인조 밴드의 일원으로 활동하기도 했고, 1971년에는 열다섯 나이에 파월용사 위문공연을 다녀오기도 했다.

그 뒤로는 주로 서울 시내 호텔의 클럽에서 활동했는데, 조선호텔 클럽에 갔다가 프랑코 노마노라는 이탈리아 뮤지션의 눈에 들어 그의 밴드에 발탁된다. 프랑크 노마노는 팀 이름을 '프랑코 노마노와 나미(나미와 머슴아들)'로 바꾸고 1979년 〈영원한 친구〉를 히트시켰다.

나미의 든든한 음악적 멘토였던 프랑코 노마노가 80년에 병사하자 팀은 공중분해 되어 나미는 솔로로 새 출발 하여, '84년에 발표한 〈빙글빙글〉이 전국적인 히트를 하면서 드디어 정상의 반열에 오르게 된다.

여러 매체에서 조사한 '1985년 상반기 한국 최고의 히트곡'으로 꼽혔으며, 외국인이 가장 좋아하는 한국 노래 1위에 오르기도 했다.

그 시기 장남 최정철을 출산하여 겹경사가 났지만 유부남과의 사이에서 태어난 혼외자였기에, 동생으로 자신의 호적에 올려야 하는 슬픔을 맛보기도 했다.

그 뒤 나미는 활동이 위축되는 듯했으나 '90년에 〈빙글빙글〉을 능가하는 〈인디언 인형처럼〉을 터뜨리며 정상에 복귀한다.

DJ 신철과 이정효를 영입하여 '나미와 붐붐'을 결성하고 우리 음악사상 최초로 DJ Remix 음반을 발표하기도 했다.

하지만 나미는 마음속은 그 영예를 누릴 수 있는 처지가 못 되었다. 사실혼 관계에 있던 밴드 마스터 최봉호가 세상을 떠들썩하게 했던 폭력, 살인 사건을 사주한 죄로 15년 형을 받고 수감된 상태였기 때문이다.

나미와 최봉호는 둘의 관계를 철저히 비밀에 부쳤다.

스무 살 나이 차에다 유부남이었던 관계로 세간의 입방아를 피하기 위함이었다.

'95년에 최봉호가 가석방되어 전처와의 관계를 청산하고 나미와 정식 혼인을 하면서 아들 정철을 제대로 호적에 올렸고 이듬해 맏이와의 띠동갑 둘째 정환을 낳았다.

뮤지컬 배우이자 영화배우이며 탤런트로 활동하는 최낙희가 최봉호와 전처 사이에 낳은 아들로 나미와는 아홉 살 차이밖에 나지 않는다.

나미의 장남 최정철 역시 어머니의 재능을 물려받아 가수로 활동하고 있다.

나미의 노래 가운데 최고의 명곡인 〈슬픈 인연〉은 1985년에 나온 그녀의 4집에 들어 있다. 7, 80년대 정상의 작사가 박건호가 노랫말을 지었고, '사랑과 평화' 출신의 김명곤이 곡을 붙였다고 나와 있으나 사실은 이런 속사정이 숨겨져 있다.

〈슬픈 인연〉은 일본의 남성가수 하시 유키오가 1984년에 〈가즈나絆〉라는 제목으로 발표했으나 별로 주목을 받지 못했던 노래다.

그 뒤 이 노래를 작곡한 우자키 류도가 나미에게 선사하였고, 이게 우리나라에서 큰 반향을 불러일으키게 된다. 하지만 그 당시에는 우리와 일본 사이에는 문화교류협정이 없던 시절이라 음반에는 그렇게 표기할 수밖에 없었다.

작사는 우자키 류도의 아내 아키요꼬가 하였다.

냉면 권가

내가 사는 동네엔
손반죽 냉면집이 하나 있다

초로의 주인이 순 메밀을
삼대 칠십 년의 체온으로 이긴다

그렇게 치대는데도
손목이 괜찮냐 물으면
손님 표정들이
약이라 했다

그의 반죽하는 모습에선
도공이나 칠기장의 표정이 읽힌다

여느 명가처럼
이 집의 냉면도 별난 맛이라
비법을 물으면
할아버지 적부터
주방에 들락거린 것뿐이라 한다

그는 틈틈이 가게 안을 돌며
요모조모 챙기는데
냉면론으로 슬쩍 찔러오는 손님에게는
백석 시[1]부터 읽고 오시라며 한 수 둔다

여러 해 전 어느 자그마한 도시의
문화원장을 지내기도 했는데
그때가 어땠느냐니까
그저 스파게티 한 접시
맛본 정도의 경험이라며 슬며시 자리를 뜬다

약간은 구부정해진 그의 어깨에
세월 같은 게 허옇게 쌓여있다

---

1)   백석의 시 <국수>에 나오는 '국수'가 평양냉면임.

버려진 기타로 전설을 만들다

—로스 인디오스 타바하라스Los Indios Tabajaras
〈알함브라궁의 추억Recuerdos de la Alhambra〉

우리 대한민국 국토의 면적은 대략 100,460㎢라 한다.

이웃 중국(9,596,961㎢)이나 미국(9,826,675㎢)에 비하면 약 100분의 1 정도이고, 일본(377,969㎢)과 비교해도 3분의1 정도밖엔 안 된다.

오랜 간척사업으로 면적을 꽤 늘렸어도 그렇다.

우리 영토를 온 국민이 똑같이 나눈다면 국민 한 사람당 약 666평쯤 가질 수 있다 한다. 면적으로만 따진다면 세계 109위에 해당되는 작은 나라에 든다.

그 비좁은 나라에 태어났으면서도 아직 우리 산천도 못 가본 곳이 더 많은 필자는 "내가 지금까지 뭘 하고 살았나?"하는 자괴감이 들 때도 있다.

그런 우물 안 개구리기에 세상의 태양은 다 똑같은 줄만 알았다.

그러다 우연한 기회에 '태양과 정열의 나라'라 불리는 스페인을 여행할 기회가 생겨 가는 김에 이웃 몇 나라까지 둘러보고 왔다.

그제야 태양이라고 다 같은 게 아니라는 걸 뒤늦게 깨달았다. 햇볕이 얼마나 강렬한지 마치 주삿바늘에 찔리는 듯 따끔거렸다. 주로 안달루시아 지방을 돌아다녔는데 그쪽은 남부에 위치하여 더 뜨거웠다.

선글라스 없인 눈을 뜨기도 힘들었고 자외선 차단 크림도 무용지물이었다. 대리석을 깐 인도는 복사열로 인해 숯불 위를 걷는 기분이었다. 그런데도 여행객들로 넘쳐났다.

특히 북유럽 사람들이 많은 게 퍽 인상적이었다. 그들은 역사유적이나 시내관광보다는 바닷가 쪽으로 몰려갔다. 선선한 곳에 사는 사람들이라 더위를 더 탈 텐데도 열사熱沙의 모래밭에다 진을 쳤다.

북반구에는 귀한 햇볕을 쬐기 위함이었다.

아예 바닷가에다 별장을 구입한 이들도 꽤 많았다.

햇살을 사러 온 것이다.

동해안에 사는 필자는 해변 관광지에는 별로 눈길이 가지 않았다. 야자수 외에는 우리 해안이 훨씬 물도 맑고 경치도 좋기 때문이었을 것이다.

유적지나 도심에 중점을 두고 구경다녔다.

역사가 장구한 나라다 보니 도시마다 특색이 있었고, 어느 도시를 가더라도 골목골목 구석구석 배어있는 옛사람들의 숨결이 모든 육체적 여독을 씻어 주기에 충분했다.

그 가운데 안달루시아 지방은 아랍인들의 통치를 가장 오래 받은 까닭에, 700년 가까운 세월이 흐른 지금도 그 잔흔이 역력하다.

많은 이들이 스페인 하면 플라멩코와 투우를 우선 떠올리지만 필자는 '알함브라궁의 추억'이라는 기타 연주곡을 먼저 떠올린다.

'알함브라'는 아랍어로 '붉은 궁전'이라는 뜻으로 돌로 궁전을 짓는 유럽인들과 달리, 아랍방식대로 붉은 흙으로 지어졌기 때문에 그런 이름이 붙여졌다.

그라나다 시가지가 훤히 내려다보이는 중심부 언덕 위에 자리한 알함브라궁은, 에스파냐 내에 왕권을 수립한 여러 이슬왕조 가운데 마지막 왕조인 나스르 왕조가 남긴 걸작이다.

1469년 까스띠야의 여왕 이사벨 1세와 아라곤 왕 페르난도 2세의 결혼을 통해 두 왕국은 한 나라로 합쳐져 에스파냐 왕국이 된다.

강대해진 에스파냐는 '레꽁끼스따[1]'의 완성을 위해 알함브라 궁 정복에 나섰다. 무지막지하게 밀고 들어오는 에스파냐 군대에 이베리아 반도의 마지막 이슬람 세력이던 나스르 왕조는 더 이상 버틸 힘이 없었다.

1492년 새해 첫날 밤, 마지막 왕 보압딜은 시민들의 안전을 보장받는 조건으로 궁전을 바치고 항복했다. 결사 항전하면 궁전이 파괴될

---

1) 레꽁끼스따Reconquista: 재정복을 뜻하는 스페인어로, 이베리아 반도에서 가톨릭 왕국들이 이슬람 세력을 축출하기 위해 벌인 활동을 의미한다. 단일 전쟁으로는 역사에 기록된 전쟁 가운데 가장 오랫동안 지속된 전쟁이다. 그 기간이 무려 781년에 달한다.

걸 우려한 항복이었다.

그라나다의 나스르 왕조 마지막 왕 에미르 무함마드 12세 보압딜은, "영토를 빼앗기는 것보다 이 궁전을 떠나는 게 더 슬프구나."라는 말을 남기고 눈물을 흘리며 북아프리카 무어인들의 땅으로 떠났다 한다.

그 덕택에 카톨릭 세력이 헐어내고 신축한 일부를 제외하고는 건물 대부분이 지금까지 보존되는 것이다.

보아브딜 왕이 떠나고 오백여 년의 세월이 흐른 어느 날, 실연의 상심을 안고 한 사나이가 알함브라궁을 찾는다. 아라야네스 뜰에 있는 연못가에 다다랐을 때 마침 보름달이 연못에 잠기어 환상적인 분위기를 자아내고 있었다.

자신에게 실연의 아픔을 안겨준 여인이 그리워 견딜 수가 없던 그는 기타를 꺼내어 그 애절함을 담아 악보로 옮겼다.

뜨레몰로주법의 교과서이자 낭만주의 최고의 걸작 '알함브라궁의 추억'은 이렇게 탄생되었다.

작곡자 프란시스코 따레가는 스페인이 낳은 천재 기타 연주자이며 작곡가이다. 현대적 주법을 완성하여 당시 유럽인들에게 천대받던 기타의 위상을 한껏 끌어올린 공로자다.

이 불후의 명곡을 처음 음반에 담은 이는 나르시소 예페스Narciso Yepes라는 기타주자로 그 역시 스페인의 국보급 존재다.

로스 인디오스 타바하라스Los Indios Tabajaras는 무샤페르

Mussapere와 헤룬디Herundy 형제로 구성되어 있으며, 브라질 원주민 족장의 아들들이다.

정글에서 백인들이 버리고 간 기타를 주워 와서 독학으로 세계정상의 반열에 오른 전설적인 인물들이다.

6·25의 상흔 애련의 노래

—황정자 〈처녀 뱃사공〉

'삐띠기'라 불렀습니다.

왜 그렇게 불렀는지는 마을 사람들 아무도 모릅니다.

이사 올 때부터 벌써 그렇게 부르더랍니다.

커서 생각해 보니, 우리 마을은 참 이사를 많이 오고 많이도 가고 그랬던 것 같습니다.

몇 대를 진득하니 눌러사는 집안이 별로 없었으니까요.

나루터가 있어 오기도 쉽고 가기도 쉬워 그랬는지, 언덕배기 강마을이라 논이 없어 그랬는지 우리 집안을 비롯해 서너 집안만이 4~5대 이어 살 뿐이었습니다.

삐띠기는 나보다 서너 살 위였던 것 같습니다.

'배텃거리'와 '웃배기미' 다해서 스무 집 남짓 되는 곳이라 또래가 드물어 서너 살 차이는 그냥 동무로 지냈었지요.

삐띠기는 나의 두 번째 색시였습니다.

첫 번째 색시인 언년이도 나보다 세 살 많았지요.

164

차분하게 나에게 많은 것을 가르쳐 주었는데, 어느 날 갑자기 보이질 않았습니다. 아프다는 얘기가 들리고 몇 달 뒤 언년이 엄마가 딸을 가슴에 묻었다는 얘기가 들려왔습니다.

삐띠기는 학교를 안 다녔습니다.
나보다 두세 살 많은 금복이와 장표가 학교에 가고 나면 마을에 어린애라곤 우리 둘밖엔 안 남았지요.
나이에 비해 덩치도 크고 힘이 센 삐띠기에겐 소꿉장난은 이미 시시한 놀이였는지도 모릅니다.
하지만 내가 너무 어려서 자치기나 비석치기, 땅따먹기 같은 놀이들을 잘 못했기 때문에 아마 '울며 겨자 먹기'로 소꿉놀이를 했을 겁니다.

삐띠기는 차돌을 빻아 쌀밥을 짓고 회색 돌로는 보리밥을, 붉은색 돌을 빻아 고춧가루를 만들고, 풀을 뜯어다 김치를 담가 밥상을 차려 냈지요.
삐띠기가 밥을 짓는 동안 나는 고무신을 뒤집고 말아 만든 도라꾸(트럭)를 타고 장에 다녀 와 단란한 식사를 하는 놀이를 했는데, 식사를 마치면 밤이 되었다며 호롱불 끄는 시늉을 하고, 가마니를 덮고 느티나무 그늘에 누웠다가 진짜로 잠이 들곤 했습니다.
그럴 때면 청보리 풋내가 강바람에 실려와 우리를 감싸 주었지요.

"아이구야! 이기 누구냐? 그 쪼만하든 기 하마 이렇게 컸나?"

삐띠기를 다시 만난 건 십여 년의 세월이 흐른 중학생 때였습니다.

여름방학을 맞아 무척 오랜만에 고향 작은집에 다니러 갔을 때였지요.

저고리 밑단으론 참외만 한 젖이 출렁거리고 엉덩이는 바가지 엎어 놓은 것 같은 말만 한 처녀가, 자기 큰 건 모르고 남 큰 것만 눈에 들어오니 우습기도 하고 누나라 불러야 할지 어째야 할지 몰라 어정쩡해 있는데, 그녀가 처녀 뱃사공이 된 사연을 들려주며 어색함을 강물에 풀어버렸습니다.

"니 여서 일 학년 댕기다 갔제? 느들 나가고 맷 해 있다가 아부지 돌아가시고 오빠가 배 봤는데, 오빠가 을매 전에 군대 가는 바람에 내가 배 본다."

1972년, 그러니까 오랜만에 고향을 다녀온 지 몇 해 지나서였지요.

남태평양에서 발생한 태풍 '베티'가 중국으로 빠져나가며 간접영향권에 든 우리나라에 엄청난 비를 뿌려 전국에 물난리가 난 그 여름이었습니다.

우리가 사는 '달동네'는 서울에서 둘째가라면 서러운 산꼭대기였답니다.

종로구의 창신동, 숭인동에서 쫓겨 온 철거민들이 사는 구역을 '종로', 마포구 도화동 일대에서 온 사람들이 사는 구역을 '마포', 청파동 일대에서 이주한 사람들의 구역을 '용산'이라 부르며 사는 동네였지요.

그런 우리 동네를 '베티'가 뿌리고 간 집중호우의 수마가 할퀴었습니다.

장대는 아니어도 정말 지게작대기만 했습니다.

세상에, 세상에 빗줄기가 어찌 그리도 굵던지.

이틀 밤낮을 그렇게 쏟아붓던 빗줄기가 새벽녘에 좀 잦아들자, 사이렌이 울리고 다급한 고함소리가 골목을 깨우고 다니는 것이었습니다.

"산사태다! 빨리들 대피하시오!"
"서두르시오"

산사태의 무서움을 모르는 나는 책가방을 챙기느라 뒤늦게 나섰다가 통장님께 호통을 들었지요.

예비군 아저씨들의 안내에 따라 대피소인 아랫동네 교회당에 들어서니 이미 울음바다가 되어 있었습니다.

새벽에 '용산' 쪽 뒷산이 무너져 수많은 사람이 땅속으로 사라졌다는 것이었습니다.

공무원들이 끓여주는 강냉이죽으로 떨리는 속을 달래고 '용산' 언덕길을 달음질쳐 올라서 본 그 처참한 광경은 아비규환이 따로 없었습니다.

아무리 맥없는 판잣집이라 해도 그렇지 수십 채의 집이 아예 흔적도 없이 사라져 버렸고, 예비군들과 군인들이 뒤엉겨 삽으로 곤죽이 된 흙더미를 치우느라 닭똥만 한 땀을 흘리고 있었습니다.

주검이 수습되어 들것에 실려질 때마다 신원을 확인하느라 유족들이 몰려들었고 잠시 뒤엔 대성통곡 소리가 들려오는 게 되풀이되곤 했습니다.

한밤중에 일어난 일이라 일가족이 모두 참변을 당한 집이 수두룩했습니다. 초가도 한 채 없는 산비탈에다 철거민들을 내모느라 나무 한 그루, 풀 한 포기 남겨놓지 않고 육산을 깎아버렸으니…

고교생인 내가 보기에도 참 기가 막힐 노릇이었지요.

다리를 후들거리며 그 모습을 지켜보다가 대피소로 돌아오니 사람들이 공포에 질린 표정으로 웅성대고 있었습니다.

나라 구석구석이 수해를 안 입은 곳이 없고, 특히나 한강수계 쪽의 피해가 더욱 크다는 것이었지요.

정신이 번쩍 든 나는 만화가게로 달려갔습니다.

주인아저씨도 근심 어린 얼굴을 하고 텔레비전으로 특집보도를 지켜보고 있었습니다.

아니나 다를까. 남한강 상류에 있는 고향마을도 예외 없이 초토화되었다는 것이었지요. 할머니와 작은댁 식구들이 떠올랐습니다.

귀가 조치가 떨어지자마자 집으로 달려가 돼지저금통을 깨 라면부터 한 박스 샀지요.

그걸 둘러매고 청량리역으로 갔더니 중앙선 열차는 철도가 끊겨서 운행이 안 된다는 것이었습니다.

역무원 아저씨를 붙들고 무슨 방법이 없겠냐고 물었더니 정 그러면 서울역에서 경부선을 이용해 조치원으로 가서 충북선으로 갈아타고 제천으로 간 뒤 거기서 상황에 따라 알아서 하라고 알려주더군요.

참으로 오랜만이었지요.

그렇게 넓어 보이던 역 광장도 거대한 바위산처럼 웅장하던 역사驛舍도 보잘것없이 쪼그라들어 있었습니다.

눈높이에 따라 세상이 달라지는 원리를 그날 제천역에서 처음 깨달았답니다.

정식이 형님이었습니다.

어떤 군인이 나처럼 여기저기 돌아다니며 무언가를 알아보고 다니기에 혹시나 하여 가까이 가서 엿들었더니 그 군인도 나와 같은 곳을 가기 위해 차편을 알아보고 다니고 있었습니다.

다가가서 보니 다름이 아닌 삐따기 오빠 이정식 형님이었지요.

그도 고향집이 걱정돼 특별휴가를 내서 달려왔다 했습니다.

이내 날이 저물어 우리는 대합실에서 밤을 지새우고 동이 트자마자 갈 방법을 알아보고 다니다 몇 시간 만에 군용트럭을 얻어 탈 수 있었습니다,

우리 마을에서 30여 리 떨어져 있는 부대로 가는데, 거기도 막사를 비롯한 모든 시설이 떠내려가 복구 작업을 도우러 간다더군요.

가다 보니 불도저들이 총동원되어 임시도로라도 개통시키려 안간힘을 쓰고 있었습니다. 그렇게 두어 시간이나 갔을까? 차가 멈추더니 한

동안 움직이질 않는 것이었습니다.

끊긴 길의 거리가 너무 길어 언제 통행이 가능할지 모른다는 말이 들려오는 것이었습니다. 우리는 결단을 내려야 했습니다.

서울서부터 짊어지고 갔던 라면은 군인들에게 주고 대신 건빵 몇 봉지를 얻어 길을 나섰지요.

다행히 철길은 비교적 피해가 적어 그 길로 걷고 또 걸었습니다.

하지만 50여 리나 되는 길이라 해거름이 되어서야 마을 건너편에 다다를 수 있었습니다.

상전벽해桑田碧海[1]!

황폐나 초토화보단 상전벽해가 더 어울리는 표현이었습니다.

선사시대 대홍수기의 모습이 이렇지 않았을까? 하는 생각이 들 정도였지요. 마을 쪽을 건너다보니 인가라곤 한 채도 안 남았고 뒷산 중턱의 공회당만 한 채 남아 있었습니다.

우리의 놀이터였고 마을의 노래자랑이나 그네 타기 시합 터였으며, 잔치 터였던 느티나무들도 모두 사라지고 안 보였습니다.

언제 심었는지 모르지만, 어느 선조께서 몇백 년 뒤의 후손을 위해 심어 놓은 그 노거수들이 송두리째 뽑혀 나간 걸 보니 얼마나 큰 개락[2]이었는지 짐작이 갔습니다.

---

1) 상전벽해: '뽕나무밭이 푸른 바다가 된다.'는 뜻으로, 세상일 변천이 심함을 나타내는 말.
2) 개락: 홍수의 강원도 사투리.

우리가 오긴 제대로 온 것인가? 하는 의심이 들 지경이었지요.

물이 빠졌다고는 하나 아직은 황톳빛이었고, 빙글빙글 돌면서 내려가는 게 무슨 해협 같았습니다.

공회당 마당에 흰 천막도 보이고 사람들이 옹기종기 모여 있는 걸 보니 거기가 대피소인 것 같았습니다.

우리는 그곳을 향해 손나팔을 지어 힘껏 소리를 질렀지만 알아듣질 못했고, 그쪽 또한 우리에게 무언가 소리를 지르는 것 같았으나 우리 쪽에서도 잘 들리질 않았습니다.

다만 누군가가 손을 가로젓기도 하고 내젓기도 하는 걸 보니 건너올 수가 없으니 그냥 가라는 것 같았습니다.

우리가 망설이고 있을 때 한 여인이 뛰어 내려오더니 나룻배로 달려가는 게 보였습니다.

삐띠기!

틀림없는 삐띠기였습니다.

마을 사람들이 배를 무슨 수로 지켜냈는지, 집은 다 떠내려가고 없어도 배는 보였습니다.

삐띠기가 뱃줄을 풀어 삿대질을 시작하자 말리려는 마을 사람들이 달려오는 게 보이고 정식이 형님도 있는 힘을 다해 돌아가라고 소리쳤으나 그녀는 끝내 위 여울까지 거슬러 올라가 우리 쪽을 향해 힘껏 노를 젓기 시작했습니다. 위 여울과 아래 여울 사이는 300여 미터밖에 안되는 데다 아래 여울에 닿기 전에 날카로운 강 바위들이 몰려있는 곳이 있어 사실상 배가 건널 수 있는 강 길이는 100미터도 채 안 되는 나루였지요.

삐띠기는 용감하게 노를 저었지만, 물살은 보기보다 훨씬 더 세 삐띠기가 탄 배는 종이배처럼 떠내려갔습니다.

"정순아, 정순아! 아이고 정순아!"

정식이 형님의 절규에도 아랑곳하지 않고 바위에 부딪힌 배는 빙글한 바퀴 돌더니 그만 여울 속으로 사라져 버렸습니다.

그 강의 이무기는 해마다 여인 하나를 데려간다고 하지요.
그 해에도 그렇게 여인 하나를 데려갔습니다.

낙동강 강바람이 치마폭을 스치면
군인 간 오라버니 소식이 오네
큰애기 사공이면 누가 뭐라나
늙으신 부모님을 내가 모시고
에헤야 데헤야 노를 저어라 삿대를 저어라

낙동강 강바람이 앙가슴을 헤치면
고요한 처녀 가슴 물결이 이네

오라비 제대하면 시집보내마
어머님 그 말씀에 수줍어질 때
에헤야 데헤야 노를 저어라 삿대를 저어라

—〈처녀 뱃사공〉 가사 전문(작사 윤부길 / 작곡 한복남)

한국전쟁이 휴전을 맺고 얼마 지나지 않아서였다.

악극단장 윤부길은 그때 자신의 유랑 악극단을 이끌고 경남지방 순회공연을 하고 있었다, 어느 날 악양 나루터를 건너게 되었는데, 특이하게도 뱃사공이 남정네가 아닌 처녀였다.

필시 무슨 곡절이 있겠구나 싶어 내막을 물어보니, 외아들인 오라버니가 입대하는 바람에 부모님을 봉양하기 위해 자매가 번갈아가며 노를 젓는다는 사연을 듣게 된다.

그리고 몇 해 뒤 이 사연을 노랫말로 지어 작곡가 한복남에게 넘긴다.

1958년에 작곡된 〈처녀 뱃사공〉은 이듬해에 출시되어 우리가요의 대표성을 지닐 만큼 큰 성공을 거두게 된다.

작사를 한 윤부길은 작사는 물론 희극에도 천부적인 재질을 타고났다.

1912년 충남 보령에서 태어나 일본에 유학하여 성악을 전공했다.

1940년에 콜럼비아 가극단에 입단하여 수많은 작품에 출연하였고 복화술 연기로 큰 인기를 끌었으며 우리나라 첫 희극인으로 이름을 남기게 된다.

1957년에 지병으로 인해 세상을 떴고, 아버지의 재능을 이어받은 윤항기와 윤복희 또한 인기가수로 우리 가요사에 큰 획을 그었다.

작곡을 맡은 한복남은 가수로도 깨나 이름을 날렸다.

회식 자리의 단골 메뉴였던 〈빈대떡 신사〉, 〈엽전 열 닷 냥〉이 그가 가수로서 남긴 히트곡이다.

김정애의 〈앵두나무처녀〉, 박재란의 〈님〉, 손인호의 〈한 많은 대동강〉, 허민의 〈백마강〉, 황금심의 〈양산도 맘보〉 같은 굵직굵직한 히트곡을 많이 남겼다. 1919년 평남 안주에서 한영순이란 이름으로 태어나 1991년 영면에 들었다.

가수 황정자는 1927년 서울 서대문구 냉천동에서 황창순이란 이름으로 태어났다.

8살 때부터 유랑극단에서 노래를 불렀으며 주로 민요를 불렀다.

열세 살 때 첫 음반을 발표하였으며 황금심, 이화자와 함께 3대

민요가수로 꼽힌다. 후배 가수인 최정자, 최숙자와는 노래 풍과 이름이 비슷해 일반인들은 곧잘 혼동을 일으키기도 한다.

많은 히트곡 가운데 특히 병상에서 부른 〈노랫가락 차차차〉는 그녀의 대표곡으로 자리 잡았다. 69년 병마로 인해 세상을 떴다.

가을

목로木墟에서

—김상아

블루스 선율이
적막보다 무겁게 내려앉는 목로에서
아내에게 들려줄 음반을 고른다
손가락 끝에서 기타는 울고
덱스터 고든이 따르는 싱글몰트 한 잔을
색소폰 그 농염의 숨소리로 마신다

나 일찍이 음악을 구법求法으로 여겨
때론 도반들과 밤새워 술병을 비우며 탐닉耽溺도 하고
텅 빈 음악실에서 헤드폰을 덮어쓰고
마지막 한 음까지 캐내기도 했으나
노을 비낀 산 아래 선 탁발승처럼
늘 허기에 시달렸지
반생을 땡볕 내리쬐는 자갈밭을 헤매다
기적처럼 나와 닮은 아내를 만나
온몸과 온 마음으로 음악을 받아들이며
법法이 거기에 있음을 새삼 알았으니

우주의 한 귀퉁이

이 푸른 별은 가을밤에 잠기고
턴테이블은 돌고
바늘 끝에는
로드 맥퀸의 낙엽 밟는 소리

한가위

—김상아

달은 점점 차오르는데
마음은 이리도
비어만 갈까

내일이면 친정엘 간다
추석 쇠러 가는 건 참으로 오랜만이다
한동안 서먹하던 동생네 내외도 만나겠지
아픈 허리도 좋아지고 아들딸 다 온다며
엄마는 흐뭇하다지만 자꾸 눈이 아려온다

어깨를 잇대고 환히 지나가는 이웃들의
발걸음도 무거워만 보이고
삶이 팥죽 뜨겁게 저어지는 시장에서도
몸 한편이 무섭도록 시리다

밤송이 속 알밤 같았던 우리
웃음소리도 하는 짓도
나를 쏙 빼닮았던 아이
그래, 딸아이 보내고 첫 명절이구나

180

숙명이라 하기엔 너무 아픈 첫사랑 이야기
—최헌 〈가을비 우산 속〉

잠 못 이루는 영혼들의 다정한 벗 DJ께.

오늘도 수많은 이야기들을 안개처럼 자욱이 뿌려놓은 채 또 하루가 지나갑니다.

언제부터인가 '낭만이 있는 곳에'를 들으며 하루를 마무리하는 게 저의 소임처럼 되었습니다.

어쩌다 시간이 맞지 않아 못 들을 것 같은 날에는 가족에게 녹음을 부탁해서라도 들어야지, 그러지 않으면 하루의 정리를 하지 못 한 채 찜찜함을 이불로 덮고 자야 할 정도가 되었답니다.

그동안 들려주시는 추억의 노래들을 들으며 학창 시절로 돌아가 행복하기도 했고요, 아련하기도 했습니다. 어떤 때는 다 아문 줄 알았던 상처가 다시 돋아나 남몰래 울기도 많이 울었습니다.

다 지나간 일이라곤 하지만 더 이상 묻어둘 수만 없는 사연이기에 이렇게 문을 두드립니다.

주렴처럼 늘어진 버들잎이 백양로를 물들이던 축제 때였습니다.

학우들은 모두 축제장으로 몰려 나가고 저 혼자 창백한 몰골로 텅 빈 도서관에서 아침부터 법전과 씨름하고 있었지요. 점심때가 지났는지 허기를 느낀 저는 학생식당에서 라면 한 그릇으로 끼니를 때우고 문리대 앞을 막 지날 즈음이었습니다.

요란한 함성이 들려와 발길을 옮기니 배구시합이 벌어지고 있더군요. 간호대학과 음악대학간의 여자부 시합이었습니다.

저도 입가에 미소를 머금은 채 응원단 뒤에서 구경을 하고 있는데, 코트 안의 열여덟 선수 가운데 유난히 제 눈길을 끄는 여학생이 있었습니다.

키도 그리 크지 않은 데다 실력이 가장 떨어져서인지 후위 수비수를 맡고 있었습니다. 상대편 선수들은 이를 눈치채고 그녀에게 집중적으로 목적타 서브를 넣는 것이었습니다. 관중들은 그녀가 공을 못 받을 때마다 박장대소했고 그녀는 속이 상해 금방이라도 울 것 같은 표정이었습니다.

결국 간호대의 전략이 주효해서 그녀가 속한 음대가 지고 말았습니다. 시합이 끝나자 저는 다시 도서관으로 발걸음을 옮겼고 이틀 뒤 예비 지성들의 마음을 한껏 부풀렸던 축제도 끝이 났습니다.

그 뒤 몇 장의 달력이 찢겨나간 어느 날이었지요.
그날도 밤늦게까지 도서관을 지키다 버스정류장으로 간 저는 깜짝 놀랐습니다.
그때 그 여학생, 배구시합에 나왔던 그 여학생!

저는 우리 동네로 가는 버스를 그냥 지나쳐 보내고 그녀가 타는 버스를 따라 탔습니다. 그리고 그녀가 내리는 정거장에 따라 내려 뒤따르기 시작했습니다.

그믐밤이라 인적이 드문 골목길은 사방이 캄캄했고, 가로등만이 활석[1]으로 자신의 영역을 긋고 있었습니다.

누군가 자신의 그림자를 밟는다는 걸 눈치챈 그녀는 달음질쳐 집으로 들어가 버렸습니다. 헛물만 켠 저는 그다음 날부터 음대 이곳저곳을 기웃거리다 그녀가 눈에 띄면 쫓아가 추근거렸고, 여러 번 졸라댄 끝에 그녀로부터 데이트 약속을 받아내는 데 성공했습니다.

가을비가 추적추적 내리는 날 명동에서 처음 만난 우리는 몇 마디 대화도 나누기 전에 서로에게 끌렸고 헤어지기가 못내 서운해 우산을 쓰고 걷기 시작했습니다. 한참을 걷다 보니 어느새 덕수궁 돌담길에 접어들어 있었고 돌담길을 한 바퀴 돈 뒤에도 성에 안 차 그녀의 집 앞까지 함께 갔습니다.

그 뒤 우리는 하루라도 안 보면 못 배길 사이가 되었고, 데이트의 마지막은 늘 걸어서 서로의 집까지 바래다주는 것이었습니다.

그녀의 집 앞에까지 갔다가 차마 들어가지 못 하고 한 시간도 넘게 걸리는 우리 집 앞에까지 왔다가, 그래도 헤어지지 못한 채 다시 그녀

---

1) 활석: 규산염이 주성분인 가장 무르고 매끄러운 광물. 흰색과 연두색이 있으며 땅바닥에도 잘 써진다.

의 집으로 되돌아가곤 했지요.

어떤 때는 통금시간을 넘겨 파출소에서 밤을 새운 것도 한두 번이
아니었습니다. 그러니 당연히 그녀의 집에서는 난리가 났고 저녁 9시
이전까지 귀가하라는 엄명이 내려졌습니다.

그러나 우리는 그 명을 지키지 못했고 결국 그녀에게는 삭발과 함께
금족령이 떨어지고야 말았습니다.

그 뒤 저는 매일 그녀의 집 주위를 배회했고 집으로 들어가는 그녀의
오빠를 붙들고 애원하기도 해봤습니다.

그러나 아버지가 고위관료이며 대대로 명문가인 자기네 가문에, 시골
출신의 가난뱅이가 사위로 들어온다는 것 자체가 치욕이라는 대답만
돌아올 뿐이었습니다.

그러던 며칠 뒤 잠시 감시가 소홀한 틈을 타 그녀는 이층 자기 방에
서 나뭇가지를 타고 내려와 탈출에 성공했고, 우리는 입은 차림 그대
로 도피 길에 올랐습니다.

혹시 그녀 아버지의 의뢰로 정보기관의 추적이 있을지도 모른다는
두려움에 우리는 지체 없이 서울을 벗어나기로 마음먹었습니다.

계절은 벌써 가을의 끝자락에 와 있었지요.

야간열차는 우리의 앞날만큼이나 캄캄한 어둠 속을 달려 부산역에
다 우리를 내려놓았습니다.

남국이라고는 하지만 늦가을 새벽바람은 사정없이 우리 몸을 파고
들었습니다. 아무런 준비 없이 도피 길에 올랐기에 아침밥을 사 먹고

나니 벌써 주머니가 바닥나버렸지요.

　우리는 하루 종일 굶으며 무작정 거리를 헤맸습니다.
　저녁때가 되자 피로와 허기에 지친 우리 몰골은 영락없는 노숙인이었습니다.
　저는 주민등록증을 꺼내 들고 상점으로 들어갔습니다. 여행 왔다가 여비가 떨어져 그러니 차 삯을 빌려주면 나중에 우편환으로 꼭 보내드리겠노라고 통사정하며 다녔습니다.
　그러나 동전 몇 닢도 아닌 돈을 선뜻 내어줄 사람이 어디 쉽게 있겠어요?
　그러던 중 어느 후덕하게 생긴 약사께서 속는 셈 친다며 천 원짜리 지폐 몇 장을 금고에서 꺼내 주셨습니다.
　우리는 허기를 때우고 다시 새벽열차에 몸을 싣고 저의 외가로 향했습니다. 절망이 비구름처럼 몰려와 객차 안을 덮었습니다.
　우리는 두려움에 손을 꼭 잡았습니다.

　여행 중이라고 둘러대고 외가에서 며칠을 묵은 우리는 추적의 불안감에 또다시 유랑 길에 올랐습니다. 어머니 가져다드리라고 싸준 마늘이며 마른 고추를 장터에서 팔아 도피자금에 보태 친척집 순례에 나선 것이지요.
　우리는 가급적 서울에서 멀리 도망가고 싶었으나 현실은 그것을 허락지 않았습니다.

촌수가 가까운 친척집을 다 훑고 나서 또다시 막막해지자 먼 친척도 가리지 않고 찾아 나섰습니다.

우리는 경기도 파주에 있는 먼 친척을 찾아가던 중 어느 검문소에서 검문을 당하게 되었고, 헌병장교가 이 핑계 저 핑계로 우리를 검문소 안에 붙들고 있는 사이 그녀의 오빠들이 들이닥쳤습니다.

그게 우리의 마지막이었습니다.

울부짖으며 오빠들의 우악스런 팔에 끌려가던 그 모습, 그 눈망울!

몇 달 뒤 "내 동생은 미국으로 유학을 떠났으니 이제 깨끗이 잊으라." 는 그녀 오빠의 통보가 그녀와 관련된 마지막 소식이었습니다.

벌써 40년의 세월이 흘렀지만 꼭 한번 만나서 차라도 한잔 나누었으면 합니다. 마지막 인사도 나누지 못한 생이별이 못내 한으로 남았기에….

얼마 전 저 혼자 비 오는 덕수궁 돌담길을 걸었습니다.

그녀와 처음 데이트하던 날이 실패에 되감겼다 풀어졌습니다.

그때 우리는 까마득히 몰랐었지요.

비 오는 날 그곳에서 데이트를 하면 헤어지게 된다는 속설을 말입니다.

들려주실 거죠?

비 내리는 가을날이면 간절해지는 노래, 최헌의 〈가을비 우산 속〉을 신청합니다.

그리움이 눈처럼 쌓인 거리를
나 혼자서 걸었네 미련 때문에
흐르는 세월 따라 잊혀진 그 얼굴이
왜 이다지 속눈썹에 또다시 떠오르나
정다웠던 그 눈길 목소리 어딜 갔나
아픈 가슴 달래며 찾아 헤매이는
가을비 우산 속에 이슬 맺힌다

잊어야지 언젠가는 세월 흐름 속에
나 혼자서 잊어야지 잊어봐야지
슬픔도 그리움도 나 혼자서 잊어야지
그러다가 언젠가는 잊어지겠지
정다웠던 그 눈길 목소리 어딜 갔나
아픈 가슴 달래며 찾아 헤매이는
가을비 우산 속에 이슬 맺힌다

—최헌 <가을비 우산 속> 가사 전문(작사 이두형 / 작곡 백태기)

우리 가요사, 특히 밴드 역사에 큰 족적을 남긴 최헌은 1948년 함북 성진에서 태어났다. 난 지 몇 달 되지 않아 어머니 등에 업혀 월남하여 서울에서 성장하며 대광중·고등학교를 거쳐 명지대에서 경영학을 전공했다.

두 살 아래 장계현과는 대광고 동기동창으로, 장계현이 남들보다 이른 나이에 학교에 들어간 탓에 그렇게 됐다.

대학 진학과 같은 시기에 미8군 무대에서 활동을 시작했고, '68년에 그룹 '차밍 가이스'에서 리드기타와 보컬을 맡았다.

'70년 대학생 신분으로 당시 인기 최정상의 밴드였던 '히 식스'의 보컬로 발탁되어 불후의 명곡 〈당신은 몰라〉를 남겼다.

'히 식스'가 해체된 뒤에는 '74년 '검은 나비', '76년 '호랑나비'를 잇달아 창단했다. 어릴 적 나비를 유난히 좋아했기에 밴드 이름에 반영시킨 것이다.

밴드활동이 지지부진해지자 솔로로 전향하여 '77년 〈오동잎〉을 히트시켰고, 뒤이어 〈가을비 우산 속〉, 〈앵두〉, 〈구름 나그네〉 같은 굵직굵직한 히트곡들을 남겼다.

80년대엔 인기의 가장자리로 밀리는 듯했으나 그룹 '불나비'를 조직하여 〈카사블랑카〉를 히트시키며 중심부로 다시 귀환하기도 했다.

그의 나이 64세 되던 오동잎 떨어지던 어느 가을날, 찰거머리처럼 달라붙은 식도암을 떼어내지 못하고 그만 커다란 눈을 감고 말았다.

　　그 순진무구한 미소와 함께.

단풍

—김상아

“아이고, 나도 죽으면 저래 곱게 물들겠나?”

어머니, 어머니 수의壽衣를 색동옷으로 마련하겠습니다.

멸치 장수

―김상아

그가 북평장에 온 건 꽤 오랜만이었다
장사가 시원찮아 쉬었는지
다른 장엘 다녔는지 알 수 없지만
걸걸한 호객 소리나
깎아 주는 체 받을 거 다 받는 너스레는 여전했다

그에게 달라진 게 하나 있기는 했다
본디부터 아내였는지
안 보이는 사이에 얻었는지는 알 수 없지만
허리춤에 여인네를 하나
소문 없이 꿰차고 있었다

여인은 꼼짝도 안 하고 한 곳만 바라보거나
낚시의자에 앉아 졸기만 했다
배냇병인지 살다가 탈이 났는지 알 수 없지만
그는 흥정 중에도 곁눈질로
여인네를 챙기곤 했다

무표정하기만 한 여인은

좋아서 따라왔는지
억지로 끌려왔는지 알 수 없지만
그의 손길이
싫지는 않아 보였다

좌판 자리를 말끔히 비질하는 그가
다음 장에 또 올지
말지는 알 수 없지만
늘 다정히 보듬고 살기를
그윽한 눈길로 바라보았다

안개와 비와 눈물의 가수

—배호 〈영월의 애가〉

이제 계절은 네 마디 가운데 세 마디를 지나 마지막 마디를 향해간다.

이 세 마디째 계절 가을은 내가 태어난 계절이기도 하고 가장 좋아하는 계절이기도 하다. 사람은 자기가 태어난 계절을 좋아한다는 말이 맞아서인지 어려서부터 가을이 그렇게 좋았다.

특히나 생일 때인 늦가을을 유난히 좋아한다.

내가 쓴 글 가운데 가을과 연관된 글이 가장 많은 것만 봐도 그렇다.

스산한 바람이 불어와 마지막 남은 낙엽마저 우수수 털어내고 나면 앙상한 가지만 남은 숲은 보는 것만으로도 숨이 멎을 지경이다.

아, 그 나뭇가지 사이로 보이는 잿빛 하늘!

내가 지금까지 쓴 글이 책 두 권 분량인데 그동안 벼르기만 할 뿐 아직까지 엄두를 못 내 다루지 못한 가수가 몇 된다. 그 가수들의 면면을 살피면 그 위상이 실로 엄청난 것이어서 거대한 산맥으로 다가오기 때문이다.

이미자가 그러하고, 조용필이 그러하고, 배호가 그러하다. 그 거대산

맥 가운데 남인수와 김정호는 가까스로 용기를 내 써 봤으나 후회와
자괴감만 가득할 뿐이다. 내 글재주로는 그들의 업적과 음악세계를 제
대로 묘사하지 못할뿐더러, 오히려 욕을 보인 게 아닌가 하여 죄책감
만 들 뿐이다.

그러나 어쩌랴? 그렇다고 피할 수만 없는 노릇. 그 거성들께 너그러
운 용서를 구하며 배호를 만나본다.

우리나라 가수 가운데 늦가을과 가장 잘 어울리는 가수하면 단연
배호일 것이다.
애조 짙은 목소리로 비감을 토해내는 창법도 그러하거니와 〈마지막
잎새〉를 비롯하여 〈안개 낀 장충단 공원〉 〈파란 낙엽〉 〈능금빛 순정〉
등을 남기고 가을에 떠나간 그의 삶을 반추해 보아도 그러하다.
요 며칠은 배호가 남긴 노래 가운데 가장 슬픈 노래인 〈영월의 애가〉
가 자꾸만 떠올라 마침내 영월 행 기차표를 끊고야 말았다.

영월은 희미하나마 나의 어린 시절 발자취가 남아 있는 곳이기도 하
다. 즐겁거나 아름다운 기억은 하나도 없고 고난의 기억만 남아있는
곳이지만 그리운 곳이긴 하다.
그 그리움 가운데 하나는 장릉 근처의 어느 절에 대한 기억이다.

나는 어릴 때부터 온갖 잔병을 달고 살았다.
체하기도 잘 체하고 고뿔에다 목젖 앓이, 치통, 기계버짐에다 겨울철

만 빼고는 늘 옻에 시달렸다.

　그날도 고뿔로 고열에 시달리며 누워있는데 엄마가 절에 치성드리러 가자며 일어나라는 것이었다.

　억지로 기운을 내 따라나섰다.

　운 좋게도 읍내로 가는 제무시 도라꾸(GMC 트럭)가 있어 얻어 탈 수 있었다. 그날이 마침 초파일이어서 산둥성이엔 꽃 반 사람 반이었는데, 점심 공양 때 반찬으로 나온 참나물무침이 얼마나 맛있던지 퀭하게 들어간 눈이 툭 튀어나오며 몸이 가벼워지는 것이었다.

　시오리 길을 걸어 집으로 오면서도 하나도 힘든 줄 몰랐다.

　그때 그 절이 보덕사란 걸 알게 된 건 수십 년의 세월이 흐른 뒤였다.

　장릉은 예상대로 쓸쓸했다.

　비각 위에 내려앉은 낙엽이 그 쓸쓸함에 덧칠을 했다.

　단종의 숙부인 세조는 인륜은 저버렸으나 치적은 좋으니 참으로 묘한 감정이 들었다.

　'도대체 이게 무슨 짓인가!'

　청령포에 도착하여 택시에서 내린 나는 깜짝 놀랐다.

　택시 기사가 잘못 듣고 나를 다른 곳 어느 유원지에다 내려준 줄 알았다. 노 젓는 나룻배나 한 척 외로이 묶여 있을 줄 알았더니, 오십여 명은 족히 탈 수 있는 유람선이 떠 있는 게 아닌가. 그것도 두 척씩이나.

　관광버스에서 내린 단체관광객들이 불그레한 낯으로 왁자지껄 배에 오른다.

관광 인프라스트럭처 구축도 좋지만 가릴 건 가려야지, 관광객 한 명이라도 더 긁어모으려고 대형 주차장에다 유람선까지 띄워 놓은 걸 보니 분노를 넘어 망연자실할 수밖에 없었다.

관광지와 참배공간도 구분 못 하니 어쩌면 좋은가.

창경궁을 놀이공원인 창경원으로 만든 것과 무엇이 다른가?

단종을 추모하고 〈영월의 애가〉를 실감에 가깝게 느끼려던 나의 바람은 산산조각이 나고 말았지만, 그래도 마음을 추슬러 노산대에 올랐다.

노산군으로 강등된 단종은 이곳에서 정치의 비정함에 얼마나 몸을 떨었으며 정순왕후를 그리며 얼마나 많은 눈물을 흘렸을까?

어느새 내가 단종이 되어 내 볼에도 찝찔한 빗물이 흘러내렸다.

역사에는 가정이 무의미하다고는 하나, 만약 문종이 동생 수양대군에게 양위하고 승하했다면 아들 홍위(단종)의 운명은 달라지지 않았을까?

금성대군과 사육신의 단종 복위운동이 없었더라도 단종은 천수를 누리지 못했을까? 생각하면 생각할수록 마음이 아려온다.

바람을 타고 말 위에 앉은 건가
말을 타고서 바람을 재촉하나
단종 단종 어린 단종

단종이 귀양가던 날
아아 울었다 산천도 울었다
영월 땅도 울었다

물결을 타고 나룻배 앉은 건가
나룻배 타고 물결을 재촉하나
단종 단종 어린 단종
단종이 떠나가던 날
아아 울었다 남산도 울었다
한강수도 울었다

─<영월의 애가> 가사 전문(작사 최치수 / 작곡 배상태)

  한국이 낳은 천재가수 배호가 부른 <영월의 애가>는 두 가지 버전
으로 발매되었다.
  그 가운데 초반 버전의 도입부에 나오는 태평소 전주는 듣는 이의
심장을 후벼 판다.
  배호는 '건방지게 멋있는 놈'이라는 별명이 말해주듯이 외모와 품
행에 이미 귀골의 티가 흘렀다.

부친 배국민은 동경제대에서 수의학을 전공한 지식인이었고 모친 김금순 역시 배화여고 출신의 인텔리 집안이었다.

부친이 중국에서 독립운동을 하는 관계로 배호는 1942년에 중국 산동성 제남시에서 태어나게 된다.

본명은 '배만금'이며 '배신웅'이란 아호도 얻었다.

중학교 때 찍은 사진의 명찰에도 배신웅으로 새겨져 있다.

뒤이어 동생 배천금이 태어났으나 곧 병으로 잃게 된다.

일본 패망 뒤 1948년, 장개석의 국민당 군대가 주둔해 있는 제남시를 모택동의 공산당군이 공격할 것이라는 정보에 따라 아버지 배국민은 솔가하여 청도로 가서 미군의 LST함선에 올라 귀국한다.

귀국은 했으나 배만금의 부모님들은 고향이 평북이라 갈 곳이 없었다.

그때 김구 선생이 창신동 적산가옥을 주선해 주어 거처를 마련할 수 있었다. 이미 이때부터 배만금은 동네에서 모르는 사람이 없을 정도로 하루 종일 노래만 불러댔다 한다.

창신국민학교 2학년 때 한국전쟁이 터졌다.

독립운동가이면서 반공주의자였던 부친은 우선적으로 피신했으나, 나머지 가족은 생지옥 같은 공산치하에서 수복 때까지 버텨내야 했다.

9·28 수복 때 부친이 돌아오셨고 서울은 차츰 안정을 찾게 되었다. 그리고 이태 뒤인 '53년에 배호의 유일한 방계혈족 배명신이 태

어난다.

휴전이 되고 모든 이들이 일터로 나갔으나 부친은 점점 좌절과 실의의 나락으로 떨어졌다.

이승만계가 득세한 자유당 정권은 김구 계열의 독립운동가를 철저히 배제했다. 최고 학벌도 써먹을 데가 없었다.

시름을 달래기 위해 막걸리를 벗 삼다가 배신웅이 영창중학교(성동중학교 전신) 1학년 때 간경화로 그만 세상을 뜨고 말았다.

한창나이인 마흔일곱 때였다.

살길이 막막해진 모친은 자녀들의 손을 잡고 언니가 살고 있는 부산으로 내려갔다.

소년 신웅은 부산 삼성중학교로 전학하여 특유의 친화성으로 친구들과 잘 어울렸다.

그때부터 그는 두드리는 것을 유별나게 좋아한다. 도시락이건 나무토막이건 깡통이건 보이는 대로 두들기며 노래를 불렀다. 남의 집 장독을 두들기다가 깨뜨리는 바람에 혼쭐이 난 적도 여러 번 있었다 한다.

그러나저러나 아무리 이모네라지만 얹혀사는 데는 한계가 있었다.

이듬해 그는 학교를 중퇴하고 보따리를 싸서 서울의 막내 외삼촌 김광빈을 찾아간다.

외가 쪽 가계는 아주 훌륭한 음악명문이다.

둘째 외삼촌 김광옥은 일본 무사시노 음대를 나와 바이올린 주자로 활약했고 중국에서 음대교수로 재직하기도 했다.

메이지대 출신의 셋째 외삼촌 김광수는 작곡가 겸 바이올린 주자였으며 KBS 초대 악단장을 역임했다.

중국 제남대 출신의 막내외삼촌 김광빈 역시 서울음대 교수를 역임했으며, 피아노와 아코디언 연주자, 작곡가로 활약했다.

MBC 초대 악단장을 지내기도 했다.

김광빈은 서울음대 재직시절에 제자였던 피아니스트 안마미를 아내로 맞았고, 안마미의 동생 안건마는 70년대 우리 가요계의 큰 별로 성장했다.

배신웅의 어머니 역시 공식적인 활동은 안 했지만 노래 실력이 대단했다 전해진다.

배신웅은 그런 유전자를 물려받은 것이다.

소년 신웅이 서울에 도착했을 때 셋째 외삼촌 김광수는 '무학성'이란 카바레를 운영하고 있었다.

신웅은 거기에서 잔심부름을 하며 드럼을 익혔다.

워낙 천부적인 소질을 타고난 신웅은 머잖아 연주자 자리를 꿰찼고 밤무대와 미8군 무대를 오가며 실력을 인정받았다.

그즈음 그는 어머니와 동생을 모시고 와 청량리에 단칸 셋방을 얻어 오랜만에 행복하게 살았다.

하지만 그 당시 악사의 급료는 그야말로 형편없는 것이어서 신웅은 그 뒤로도 오랫동안 점심을 먹는 날이 손가락에 꼽을 정도였다 한다.

신웅은 1963년에 '천지 나이트'로 자리를 옮기게 된다.
김광수 악단에서 얼굴을 익힌 김인배가 악단장으로 가면서 배신웅을 스카웃한 것이다.
그는 거기서 드럼 연주자로, 사회자로, 가수로 활약했다.

신웅의 그런 활동을 눈여겨 지켜보던 김광빈은 그해 조카에게 큰 선물을 하나 안긴다. 배호라는 예명과 함께 〈두메산골〉이란 곡을 주어 취입을 주선한 것이다.
하지만 기뻐서 펄쩍 뛸 줄 알았던 배호의 반응은 의외였다.
악보를 받아 든 그는 "에이, 이렇게 촌스런 노래를 어떻게 불러요?"
배호의 그 말에 김광빈은 그 곡은 다른 가수에게 주고 배호는 〈굿바이〉와 〈사랑의 화살〉을 주어 데뷔시켰다. 그리고 김광빈은 배호가 자신의 악단을 조직하는 데 적극적인 후원을 아끼지 않았다.
그리고 배호를 다시 설득해 〈두메산골〉을 취입시키는 데 성공한다.

우리 속담에 '첫술에 배부르랴?'라는 속담이 있다.
배호의 음반 데뷔도 그랬다. 음반 시장의 반응은 미지근했지만 그로 말미암아 방송 출연도 하게 되고 이름 석 자를 알리는 데는 성공한다.

그런데 그와는 달리 밤무대에서의 인기는 뜨겁게 달아올랐다. 그와 그의 악단이 출연하는 업소는 밤마다 만원사례를 이룬다.

'찢어지게 가난하던 사람이 밥술깨나 뜨게 되면 죽는다.'라는 속담도 있다.

유감스럽지만 배호도 그랬다.

밤무대에서의 인기가 치솟고 청중들의 환호가 이어지자 그는 신들린 듯 스틱을 휘둘렀고, 공연이 끝나고 나면 늘 허기에 시달렸다.

어느 날 공연이 끝나고 돼지고기를 먹었는데 그게 식중독을 일으켰고, 급성신장염으로 발전하여 배호는 병상에 눕게 된다.

스물다섯 살 되던 1966년의 일이라 한다.

배호가 밤무대 활동을 접고 자리를 보전하고 있는 사이에도 인기는 꾸준히 올라 〈누가 울어〉〈안개 속으로 가버린 사랑〉〈황금의 눈〉을 취입했고, 영화 '황금의 눈'에 출연하기도 했다.

그리고 그다음 해인 '67년에 운명의 콤비 배상태를 만나게 된다.

배상태와 배호는 서로 만난 적은 없지만 나중에 알고 보니 9촌 지간 사이였다 한다. 배상태가 윗 항렬이다. 호적에는 '39년생으로 되어있지만 실제로는 35년생이라 한다.

해병 군악대 출신으로 서라벌 예대에서 작곡을 전공하여 실력이 꽤 탄탄한 작곡가였다.

그가 〈돌아가는 삼각지〉를 만들어 적임가수를 찾다가 배호의 노래를 듣고 한걸음에 달려왔다. 배호는 건강을 이유로 사양했으나 애걸하다시피 하는 배상태의 간청을 끝끝내 뿌리치질 못했다.

〈돌아가는 삼각지〉는 때마침 진행 중이던 용산의 삼각지 입체교차로 공사와 맞물려 나오자마자 태풍처럼 전국을 휩쓸었다. 그 뒤로는 배&배 콤비가 내놓는 노래는 입도선매立稻先賣[1]의 인기를 누리며 팔려나갔다.

'사람은 내려올 때를 알아야 한다.'는 말이 있다.

배호가 그랬어야 했다.

그때라도 그랬어야 했다.

천생이 음악인이고 무대를 깊이 사랑한 그였기에 쏟아지는 방송 출연 요청과 공연 요청을 거절하지 못하고 벌레가 달을 갉아 먹는 월식처럼 목숨을 갉혀만 갔다.

안타깝게도 '일도양단一刀兩斷'[2] '읍참마속泣斬馬謖'[3]의 결단이 그에겐 없었다.

1) 입도선매: 아직 벼가 논에 서 있는데도 와서 선불을 주고 사감.
2) 일도양단: 칼로 쳐서 두 동강이 내듯 과감한 결정.
3) 읍참마속: 제갈량이 군령을 어긴 장수 마속의 목을 울면서 벤 고사에서 유래. 큰 것을 얻으려면 작을 것은 버려야 함을 말함.

1971년 11월 6일 세브란스 병원 538호 부근은 많은 사람들로 북적였다.

배호의 가족과 배상태 작곡가를 비롯한 동료 가수들과 음악계인 사들 그리고 같은 교회 신도들. 그들 모두 한마음으로 배호의 회복을 기원하며 밤샘 기도를 올렸으나 끝내 그 길을 막지 못했다.

더 이상 방법이 없어지자 배호 가족은 퇴원을 결정한다.

그는 집으로 돌아오는 택시 안에서 막내 외삼촌 김광빈의 품에 안겨 '마지막 잎새'를 떨구고 말았다.

1971년 11월 밤 8시 경이라 한다.

안개와 비와 눈물의 가수!

그는 그렇게 우리들 가슴에 영원히 새겨졌다.

설악산 뱃사공

아무 말 못 했습니다
남들이야 하마 비선대부터
기암에 단풍에 탄성이 터지지만
귀면암을 지나 천불동에 이르도록
좋단 소리 한마디 안 했습니다

이제 고뱅이에 기름 빠질 때도 되었건만
힘으로야 이 젊은 아내가 나을 수도 있으련만
스틱은 내게 주고
물통이며 도시락이며 과일이며
한 짐 짊어지고 앞서 오르는 당신

작대기 삿대로 바윗길을 저어나가는,
내겐 한 치의 소홀함도 없는 당신의 뒷모습에
나 헤피 웃지도 못했습니다

다른 이들은 가을 절경을 본다지만
나는 영원으로 함께 건너갈
사공을 보았습니다

숙제宿題

—김상아

놀이터에 갈 때였다
갈물 드는 칠엽수 터널 끝자락에서
이마가 예쁜 딸아이는
구모스따까
아유보안
신짜오를 아느냐 물었다
서녘 햇살을 받은 그 이마는
까놓은 양파 쪽이었다

놀이터에서 시소를 탈 때였다
중력을 거슬러 하늘로 솟구쳤을 때
눈망울이 초롱초롱한 딸아이는
구모스따까
아유보안
신짜오의 말뜻을 알려주었다
반지르르한 그 눈빛은
갓 씻어낸 바둑알이었다

그네를 타고

철봉에 매달리기도 하다가
공중걷기를 할 때였다
장난기가 한 아름인 딸아이는
구모스따가와
아유보안과
신짜오를 다시 묻더니
내가 까먹었음을 눈치채고
숙제로 내겠노라며 으스댔다
그 목소리에선 팝콘 냄새가 풍겨났다

그날처럼 오늘도
갈물 드는 칠엽수 터널을 지나서
딸아이 또래들이 재잘대는 놀이터를 홀로 찾아
그네와 철봉과 공중걷기 기구들을 어루만지며
딸아이가 남기고 간 숙제를 왼다
구모스따까는 필리핀
아유보안은 인도
신짜오는 베트남 사람들의 인사말

피어나지 못한 꽃, 어둠 속에 묻힌 별
—태민호 〈내 이름은 방랑자〉

그의 어깨는 모래가마니처럼 한없이 무거워만 보였다.

저 가녀린 허리가 버텨낼 수 있을까 싶을 정도였다.

희뿌연 하늘에 눌려서도 아닌 것 같고, 둘러매고 있는 전기기타의 무게 때문만도 아닌 것 같았다.

워낙 비실비실한 체질이란 게 한 이유가 될 수는 있겠지만 꼭 그런 것만도 아닌 것 같았다.

"이제 연락하지 마라. 네 마음 안다. 고맙다.

그저 바람 따라 떠다니다 때 되면 갈란다."

금방이라도 양회 가루가 쏟아져 내릴 것 같았다.

낮은 구름에 온갖 매연까지 뒤섞인 바람이 빛을 잡아먹고 있었다.

그가 골목 끝자락에 다다르기도 전에 이미 그의 실루엣은 먼지에 스며들고 말았다.

태민호!

어쩌면 그에게는 태민호라는 이름을 얻기 전, 그러니까 장효민이라는 이름으로 살 때가 더 행복한 시절이었는지 모른다.

그의 집은 비록 서울의 사대문 안은 아니었지만 문안과 가까운 곳에 있었고, 번듯한 양옥은 아니지만 여섯 식구 궁둥이 붙이기엔 부족함이 없을 정도에다 문간채의 방 두 개는 세를 놓을 정도의 살림은 되었다.
대학도 그가 음악에 빠져 안 간다고 버텨 그렇지, 돈이 없어 못 보낸 것도 아니었으니 60년대의 가정치곤 중류 이상은 되었을 것이다.

그는 중학생 때부터 일찌감치 음악에 빠져들었다.
주한 미군 방송인 AFKN에서 우연히 들은 에디 아놀드Eddy Arnold의 목소리에 흠뻑 젖어 들면서부터다. '테네시의 태양'이라는 별명이 붙은 에디 아놀드의 〈난 진정 알고 싶지 않아요I really don't want to know〉는 이제 막 사춘기에 접어든 한 소년을 올빼미로 만들고 말았다.
그 감미로운 목소리와 노랫말이 귓골에 울려 퍼져 도통 잠을 이룰 수가 없었다. 부자나라라는 건 알고 있었지만 그들의 사회상이나 가치관에 대해서는 들은 바가 없었기에 얼굴의 여드름마냥 호기심이 돋아났다.

"한 여자가 여러 남자를 품에 안아도 되나?
그런 여자의 과거를 다 묻어두고 오로지 그 여인만을 사랑하겠다는 남자가 있다니?"

당시 우리의 도덕관이나 애정관, 사회통념은 미국의 그것과는 많은 차이가 있었기에 소년 효민의 머릿속은 환삼덩굴[1]로 뒤덮여 버렸다.

그때부터 그는 미국을 알기 위해 용산 미군기지 주변을 기웃거렸고, 거기서 알게 된 어느 미군 병사에게 기타를 배우며 가수의 꿈을 키우게 된다.

화양연화!

누구에게나 꽃피는 봄날 같은 시절은 있기 마련, 그의 화양연화는 군 제대를 하고 난 한 일 년 남짓일 것이다.

고교 밴드부와 군악대에서 꾸준히 음악 실력을 닦은 그는 전국 규모의 노래자랑에 나가 그의 애청애창愛聽愛唱곡인 〈I really don't want to know〉를 불러 지역 예선은 물론 연말 결선에서 우승을 거머쥐었고, 그 반향은 예상을 웃돌았다.

경연대회 출신 가수들이 트로트 일색이었던 당시 상황에 비추어 볼 때 미성을 가진 팝 가수의 등장은 음반계에서 입맛을 다시기에 충분했다.

먼저 손석우 작곡가가 손짓했다.

청년 효민은 그 사실이 믿기지 않았다.

---

1) 환삼덩굴: 한해살이풀로 잔가시가 많고 번식력이 뛰어난 넝쿨 식물.

손석우가 누구인가?

〈노오란 샤쓰의 사나이〉로 전국 경향 각처는 물론, 일본, 대만에다 태국, 말레이시아를 비롯한 동남아 각국까지 노란 물을 들여놨던 당대 최고봉이 아니던가. 그 손석우가 자신이 설립한 '븨너스 레코드'와 계약을 맺자고 먼저 제안해 온 것이다.

그런데 이건 또 뭔가?

손석우의 강력한 맞수로 떠오르고 있는 박춘석도 뛰어들었다.

'미도파 레코드'에서 막 간판을 바꿔 달은 '지구 레코드'로 오라는 것이었다. 청년 효민은 잠시 고민에 빠지기도 했으나 그 고민의 시간은 그리 길지 않았다.

자신이 부르고 싶은 노래가 팝 계열인 데다가 그는 손석우 작품의 격조와 세련미를 동경하고 있었기 때문이다.

신인가수 효민은 손석우로부터 '태민호'라는 예명을 입사 선물로 받고 곧바로 〈내 이름은 방랑자〉와 〈여왕벌〉 취입 작업에 들어갔다.

손석우는 태민호 말고도 자신이 발탁한 여섯 명의 가수를 보태 모두 일곱 명의 노래가 들어간 10인치 음반을 '새 얼굴 새 목소리'라는 타이틀을 달아 기획반으로 내놓았다.

손석우를 비롯한 회사 관계자들 모두 열두 곡의 수록곡 가운데 적어도 한두 곡은 뜰 것으로 예상했다.

하지만 민망하게도 단 한 곡도 히트곡을 내지 못한 채 사장품死藏品

이 되고 말았다.

"잘은 모르지만 제 생각엔 편곡이 좀 아쉬워요.
당시 우리나라엔 생소한 홍키통키로 하지 말고 차라리 '노란샤쓰'처럼 힐빌리 칸츄리로 했으면… '노란샤쓰' 때문에 사람들 귀에 익어 있기도 했고요."

가을이 제법 깊었는데도 아직도 얇은 옷차림으로 말없이 설렁탕 국물을 떠 넣던 그의 대답은 "글쎄"라는 단 한마디였다.

그 짧은 한마디에 지난 40년의 회한이 다 들어있었다.
노래자랑에서 우승했던 일, 당대 최고의 작곡가들 둘이나 쟁탈전을 벌이던 일, 일곱 명의 신인 가운데 자신의 노래가 1면 첫 곡에 뽑히던 일 그리고 밤무대에서 무명가수로, 무명악사로 끼니를 구걸하며 살아온 부침의 세월이.

그는 음반이 실패로 끝나자, 지옥보다 더 깊은 나락으로 떨어졌다.
'실패는 성공의 어머니'라든가 '한 번 실패는 병가지상사'라는 말은 그에게는 해당하지 않는 말이었다. 다시 한번 해보자는 손 선생의 독려도 한 번 더 도전해 보라라는 주위의 권유도 두렵게 다가올 뿐이었다. 그는 끝내 그 좌절과 실의를 이겨내지 못한 채 패배주의에 기대고 말았다.

"이젠 써 주질 않아."

"저희 가게에 계세요. 넉넉히 드리지는 못하더라도."

"너도 운영이 어려운 것 같던데… 폐 끼치면서까지 살고 싶지는 않아."

그는 그렇게 구부정한 뒷모습을 내 망막에 새겨 넣고는 가을밤 속으로 사라져 갔다.

태민호 〈내 이름은 방랑자〉가 들어있는 음반은 10인치(약 25센티) LP로 나왔다.

1967년 브너스 레코드에서 〈새 얼굴 새 목소리〉라는 타이틀로 출시되었는데, 우리가 흔히 알고 있는 LP음반은 70년대부터 대세를 이룬 12인치(30cm) 음반이다.

 1면

1. 내 이름은 방랑자 – 태민호
2. 사랑은 왜 했던가 – 김지미(영화배우 김지미와는 동명이인)
3. 여왕벌 – 태민호
4. 새빨간 장미꽃 – 배은희
5. 작은 별 – 라운
6. 별과 이야기 – 한송자

 2면

모던포크의 걸작이 된 사랑 발라드

—Tom Paxton 〈The Last Thing on My Mind〉

들판이 비어간다.

며칠 전만 하더라도 듬성듬성 누런 늦벼가 줄지어 서있더니 이제 밭에 푸른색이라곤 무, 배추밖엔 남지 않았다.

풍요가 황량으로 바뀌는 데 걸리는 시간이 그리 오래지 않음에 마음이 소소해져, 오랍드리에 나와 서리 맞은 꽃씨를 받으며 새삼 '남는 것'과 '남기는 것'에 대한 생각에 잠긴다.

꽃이 꽃씨를 남기듯 사람도 열매를 남긴다.

훌륭한 학업으로 후학들에게 배움의 열매를 남기는 사람,

불길 같은 예술혼으로 영롱한 명작 열매를 남기는 사람,

성품이 온화하고 성정이 인자하여 사랑 열매를 남기는 사람에다

고행을 마다 않고 진리를 찾아 정진 수행하여 깨달음의 열매를 남기는 사람이 있다.

세상 모든 것에는 시간이 새겨진다.

하다못해 저 작은 모래 한 알에도 수억 년의 세월이 새겨져 있듯, 사람이 맺은 열매에도 시간이 새겨져 있고 그때의 발자국이 남아있다.

겨울로 접어드는 초로의 길목에서 다시 한번 뒤를 돌아본다.

한낱 잡초에 불과한 나는 어떤 열매를 맺어놓고 스러지려나?

막상 생각해보니 딱히 내세울 만한 업적이 없다.

음반을 내세우자니 나보다 더 많이 가지고 있는 이도 여럿일 테고, 실력 또한 나보다 뛰어난 이가 널렸을 것이다. 글 실력 또한 등급을 매긴다면 등외에 포함될 수준이라 부끄러울 따름인데, 순간 무언가 번뜩하고 스친다.

'그래! 이거라면 '나의 열매'로 내세워도 되겠다.'

내 손길에 닳고 낡은 『테마별 스페인 단어』!

내가 걷기운동 나갈 때마다 들고 나가는 책으로 2,600여 단어가 실려 있다. "몇 달이면 다 외겠지! 하며 자만에 차 시작했지만, 해가 몇 번 바뀌었어도 아직도 다 못 외고 있다.

한 권 다 외고 나서 다시 첫 장을 펼치면 가물가물한 단어가 한쪽에 몇 개씩은 나온다. 그때마다 저 유명한 남송南宋의 유학자 주희의 권학문을 떠올리며 교훈을 얻는다.

少年易老學難成 소년이로학난성
一寸光陰不可輕 일촌광음불가경
未覺池塘春草夢 미각지당춘초몽
階前梧葉已秋聲 계전오엽이추성

소년이 늙는 건 쉬우나 학문을 이루는 건 어려우니
짧은 토막시간이라도 가벼이 여기지 마라.
아직 연못가의 봄풀은 꿈에서 깨어나지도 못했는데
어느새 섬돌 위에 오동잎 떨어지는 소리가 들려온다.

나의 젊은 시절은 자만과 나태에 빠져 치열함이 없었다.

그러니 지금 와서 몇십 배 애를 써도 시답지 않다.

하지만 '후회는 아무리 늦어도 빠른 것'이란 말마따나 '시작은 아무리 늦어도 빠른 것'이기에 뚜벅뚜벅 걷기로 했다.

마행처 우역거 馬行處 牛亦去!

'말이 가는 곳엔 소도 간다'는 뜻으로 언제부터인가 나의 좌우명으로 자리 잡았다.

이 단어 책 말고, 나의 열매로 내세울 만한 게 또 하나 있긴 한데, 다 헤진 안전화 한 켤레다.

경솔함의 죄과로 나는 '쪽박 찬 신세'가 되어 막노동판을 떠돌던 때가 있었다. 힘없고 기술 없고 나이 든 잡부에게 주어지는 일감은 흔히 '3D업종'이라 불리는 일들이었다.

몸에 해롭고 더럽다고, 위험하다고, 힘들다고 다들 외면하는 일들이 나를 기다리고 있었다.

그 일은 몸만 힘든 게 아니었다. 일용직이었기에 입술 없는 잇몸 신세여서 찬 바람이 불어와도 참아야만 했다. 대든다는 건 곧 그다음 일이 없다는 걸 의미한다.

그 절망적인 상황에서도 내 마음속엔 한 줄기 희망의 빛이 있었다.

莫嫌海角 天涯遠 막혐해각 천애원
但肯搖鞭 有到時 단긍요편 유도시

세상의 끝이 아무리 멀다고 하여도
채찍질해서 가다 보면 언젠가 다다를 날이 온다

청말의 문인이자 사상가인 원매가 남긴 명구다.

나는 주저앉고 싶을 때마다 그 말을 구명줄로 여기며 꽉 쥐고 안 놓았다. 그리하여 마침내는 그 어둡고 긴 굴속을 빠져나올 수 있었다.

그래, 나의 비석엔 너덜너덜해진 단어장과 안전화를 묘비명으로 새겨야겠다.

우리나라의 여성듀엣 산이슬이 1974년에 〈마지막 남은 것〉이라는 제목으로 불러 귀에 익은 〈마지막 남은 것The Last Thing on My Mind〉은 미국의 대표적인 싱어송라이터 톰 팩스턴Tom Paxton이 1964년에 불러 모던포크의 상징성을 지니게 된 노래다.

캐럴 다음으로 많은 가수가 불렀다는 얘기가 빈말이 아닐 정도로 가수라면 누구나 탐내는 노래로, 포크나 컨트리 계열의 가수가 아닌 가수들도 앞다투어 불렀다.

모던포크라는 장르의 이미지는 저항성으로 대변되기에, 남녀 간의 사랑이 주제나 소재가 되면 폄훼당하기 십상인 게 '60년대 미국 포크계의 전반적인 분위기였다.
하지만 이 노래만은 '사랑 발라드'임에도 모던포크의 대명사가 되어버렸다.
결국 마음에 마지막으로 남을 건 사랑밖에 없음을 깨달았기 때문이리라.

너무 늦게 깨달은 거지
모래로 만들어진 것이란 걸
눈 깜빡할 사이에 마음은 바뀌지
당신 손안에서

작별의 말도 없이 떠나는 거요?
흔적도 없이
당신을 더 사랑할 수도 있는데
매정하군

알다시피 우리의 사랑은 내 마음에
마지막으로 남은 것이지
가지 말아요
제발

당신 없이 아침에 눈을 뜰 때
내 마음속 노래들이 다 죽어가지
알다시피 우리의 사랑은 내 마음에
마지막으로 남은 것이지

―<The Last Thing on My Mind> 가사 전문(작사·작곡 톰 팩스턴)

포크록의 산파 이주원의 역작
—따로 또 같이 〈해는 기울어 어느 가슴으로 가나〉

어느새 가을이 다녀간다.

배추 밑동이 도려지고 무가 뽑히고 집마다 담벼락에 장작더미가 쌓여간다. 개옻나무 밭등엔 빨간 공단貢緞 자투리들이 쌓이고 찔레 덤불을 들락거리는 참새 소리가 한층 야무져졌다.

빛은 휘어지지 않는다는 이론은 정설이 아니다.

갈대 이삭이 일으키는 바람에도 서녘 햇살은 휘어지고 늘어지며 금실그물을 호면 위에 풀어 놓는다.

꽃은 땅에서만 피지 않는다.

처마마다 곶감으로 꿰어져 겨울로 가는 이정표로 피어있다.

내가 어살[1]에 걸린 물고기처럼 세파에 떼밀리는 동안 이렇게 가을이 다녀가고 있다.

---

1) 어살: 강이나 개울의 여울에 돌로 V자 형태의 도랑을 쌓고 나무 발을 놓아 물살의 힘으로 고기를 잡는 도구.

그동안 참 바쁘게 살았다.

집을 짓는 일, 연못과 도랑을 파 정원을 만들고, 꽃밭을 만들어 꽃을 가꾸고… 그것만 해도 허리가 부러질 지경인데, 녹음방송이라곤 하지만 매일 송출되는 프로그램을 떡 하니 맡았으니 몸이 몇 개라도 모자랄 판이었다.

평생 해온 일이 방송이라 앞뒤 재지 않고 덥석 달려든 게 나를 조급증으로 몰고 가는 원인이 되고 말았다.

'바쁘다'에는 두 가지 뜻이 있다.

우리가 흔히 알고 있는 '바쁘다' 말고도 '어렵다'라는 뜻의 함경도 사투리가 있다. 바쁘게 살면 다른 건 몰라도 살림살이의 어려움은 덜어져야 할 텐데, 그렇게 죽을 고생을 했는데도 더하면 더했지 나아진 것도 없다. 헛심만 쓴 것이다.

어쩌면 어렵게 살려고 바쁘게 살았는지 모른다.

자연이 좋아 산골로 들어와 놓고선 정작 자연을 잊고 산 꼴이 되고 말았다.

세속적인 것에 눈높이를 맞추고 살면 이 산이나 저 산이나 그게 그거고, 이 하늘이나 저 하늘이나 별다를 게 없어 보인다.

하지만 망막에서 세속을 닦아내고 보면 단 하루도 산의 색깔과 하늘빛이 같은 날이 없다. 땅이나 물의 색깔도 천양지차 천차만별이다.

세상의 색깔과 모양이 그렇게 어마어마하게 많다고 느껴지는 순간,

자연의 경이로움과 함께 내가 이 세상에 왔다 간다는 것이 얼마나 행운이고 멋진 일인지 알게 된다.

자야 김영한[2]은 '90년대의 화폐가치로 1,000억이 넘는 '대원각' 부지를 법정 스님에게 맡기며 사찰 건립을 부탁했다.

그 사실을 들어 "아깝지 않냐"는 어느 기자의 질문에 "백석 시인의 시 한 줄만도 못한 것"이라 답하지 않았던가.

세속의 영화와 안온한 삶이란 그런 것이다.

한 줄 시만도 못 한.

하지만 우리 중생들은 그걸 알면서도 정작 자신은 그렇게 하질 못한다.

당장 코앞의 몇 닢을 위해 모든 걸 걸기도 한다.

---

[2] 자야: 김영한이 본명으로 일제 강점기 조선권번 소속의 기생. 궁중무와 가무의 명인. 기생출신이지만, 일본유학과 중앙대학교에서 영문학을 전공한 인텔리. 시인 백석의 연인으로 백석의 대표작 '나와 나타샤와 흰 당나귀'의 모델이 된 인물.
한국전쟁이 끝난 직후 '대원각'을 차려 서울의 3대 요정의 반열에 올려놓는다.
법정 스님의 '무소유'를 읽고 크게 감명받아 '대원각'을 시주하려 했으나 스님의 완곡한 사양으로 뜻을 이루지 못하자, 10년 가까이 쫓아다니며 마침내 승낙을 받아낸 집념의 여인이기도 하다.
1995년에 스님은 그 터에 '대법사'를 창건하였고 뒷날 쟈야의 법명인 '길상화'를 따서 '길상사'로 바꿨다.
북에 있는 백석을 평생 그리워하며 살았다.

내가 그랬다.

이제 좀 쉬어 달라고, 나이 생각도 좀 하라고 몸에서 계속 신호를 보내왔건만, 무슨 '의지의 한국인'라도 되는 양 박차를 가하기만 했다.

기계도 쉬지 않고 돌리면 고장이 난다. 그 단단한 쇠붙이도 닳고 부러지는데, 물러빠진 우리 몸이야 오죽하겠는가.

더군다나 내 몸은 설계대로 순정부품이 쓰이질 않은, 어디엔가 미세한 결함을 지닌 몸이 아니던가.

다만 우리 인간은, 기계에게는 없는 집념이란 게 있기에 그걸로 여태 버텨온 것일 뿐이다. "하면 된다!" "이 세상에 내가 못 할 일은 없다!"는 생각을 내려놓자.

쉼과 게으름은 다른 것이다.

쉼을 잊은 채 이 가을을 떠나보내고 무얼 더 큰 걸 얻을 것인가.

가을은 한 해의 석양이지만 황혼이 곧 인생의 가을이기도 하다.

황혼의 매력은 붉은 노을이다.

이제 신을 벗고 테라스 난간에 다리를 꼬아 올려, 일몰이 주는 저 관조를 바라보자.

북풍은 흰 구름을 빨아들이고
나는 강을 건넌다
우수수 낙엽이 지네
아, 차마 못 들을 저 소리!

―당 현종 때 문신 소정(蘇頲)의 시 <분상경추(汾上驚秋)> 전문

해는 기울어 어느 가슴으로 가나
여린 바람 타고
그늘진 그리움 뿌리며
해는

해는 저물어 나의 가슴으로 오나
푸른 언덕 돌아
어느 날 홀연히 떠나갈
해는

가네 가을이 가네
가네 내님이 가네
낙엽 따라 떠나가네 가을이 가네
바람 따라 떠나가네 내님이 가네

가네 가을이 가네
가네 내님이 가네
뜨겁던 나의 가슴에 차가운 바람 뿌리고

떠나간 사랑의 그림자를

이제는 잊기로 해요

—<해는 기울어 어느 가슴으로 가나> 가사 전문(작사·작곡

　이주원)

　미국의 포크록 역사는 1960년대 초반에 시작되지만, 우리나라에서는 이상하리만치 늦어져 70년대 말에 이르러서야 첫 모습을 드러낸다.

　양희은의 〈내 님의 사랑은〉을 비롯하여 여러 히트곡을 가지고 있는 작곡가 이주원과 뒷날 한국 록 뮤직의 황금기를 주도하게 되는 전인권, 포크 가수 강인원, 나동민의 뜻이 모아져 1979년 '따로 또 같이'가 그 첫발을 내딛는다.

　1집 발표 뒤 전인권이 나가자 삼두체제로 전환하고 필요에 따라 연주인과 가수를 초빙하는 형식을 취한다.

　몇 년 뒤인 84년에 이르러 오랜만에 발표된 2집에는 우순실이 객

원가수로 참여하여 다양성을 높였다.

곧이어 강인원이 떠나고 '따로 또 같이'는 이주원, 나동민 쌍두체제로 개편되어 걸작 '따로 또 같이 3집'을 발표하기에 이른다.

당시 우리나라에서 최고를 자랑하는 서울 스튜디오의 녹음기술로 만들어졌다. 그뿐만 아니라 객원 연주자들 역시 각 분야에서 첫손가락에 꼽히는 쟁쟁한 인물들이었다.

대학생이 아니면서도 대학가 인기 기타리스트였던 이영재를 비롯하여 이장희의 동생 이승희, 조동진의 동생 조동익, 언더그라운드의 실력자 이원재 등이 초빙되었다.

〈해는 기울어 어느 가슴으로 가나〉는 가요사상 가장 문학적인 제목의 노래로 3집 음반 수록곡 가운데 백미로 꼽힌다.

늦가을에서 초겨울로 이어지는 정취를 잘 나타낸 걸작이다.

이 그룹을 만들고 끝까지 지켰으며 상송가수 전마리의 남편이기도 한 이주원은 2009년에 심장마비로 다시는 돌아올 수 없는 강을 건너고 말았다.

쉰아홉이라는 한창의 나이였다.

| 그리고 |

뜨게질

그런 사람이 있었지요
몸은 남자인데
얼은 여자라네요

냉대와 멸시 속에 살아왔지만
마음만은 비단 결이라
편견의 돌팔매질을 당할 때면
한 코
한 코
뜨게질로 살아냈다네요

백 팔 개의 남근을 떠서
백 팔 번뇌와 함께 태워
하늘 높이 날리던 날
그녀는 사랑하는 남자와
결혼을 했습니다

나도
뜨게질을 합니다.

마음이 아파올 때마다
한 자씩
한 자씩
시를 뜹니다

한국 록 역사 만든 불후의 명곡
—사랑과 평화 〈한동안 뜸 했었지〉

군문을 나선 지 얼마 지나지 않은 어느 날이었다.

중앙청 앞 은행잎들은 바람이 불 때마다 병아리 떼가 쪼르르 밀려왔다 쪼르르 쓸려갔다. 삼청공원의 벚나무 고목은 밤새 용트림으로 붉은 잎을 털어 양탄자를 짜고 있었다.

그날도 나는 일자리를 찾아 헤매다 코끝이 새까매져서야 집 쪽으로 가는 버스에 올랐다.

주위에선 3년 동안 군 생활 하느라 수고했으니 좀 쉬라고들 했지만 내 마음은 이미 음악실에 가 있었다.

그동안 얼마나 음악에 목말랐던가?

마이크가 잡고 싶어서 안달은 또 얼마나 났던가?

그 짧은 외박이나 특박 기간에도 친구가 근무하는 음악실로 달려가 특별출연으로 마이크를 잡곤 했었다.

차창 밖을 내다보며 내일은 어느 쪽을 훑을까 생각에 잠겨있는데 갑

자기 귀가 번쩍 뜨였다. 우리나라에선 한 번도 들어보지 못한 장르의 음악이 버스 라디오에서 흘러나오는 게 아닌가?

나는 자리를 박차고 일어나 다음 정류장에서 내려 다시 시내로 가서, 입대 전부터 단골로 드나들던 레코드점 문을 열어젖히곤 이런 음악이 있느냐 물었다. 주인아저씨는 마침 그 음반이 오늘 들어왔다며 미소 띤 얼굴로 내게 건넸다.

나는 그 자리에서 〈한동안 뜸했었지〉를 듣고 또 들으며 회상에 잠겼다.

미군 클럽을 떠돌던 시절, 소울클럽에서 근무할 때 사귀었던 흑인병 사들의 얼굴이 떠올랐다. 그들은 유난히 펑키리듬을 좋아해서 음악에 맞추어 춤을 출 때면 흡사 몸과 팔다리가 따로 노는 것처럼 유연했다.

나는 그 음반을 사 들고 다음 날 어느 음악실 오디션 자리에 앉았 다. 예상대로 손님들의 반응은 아주 좋았고 결과는 당연히 합격이었다.

한동안 뜸했었지
웬일일까 궁금했었지
혹시 병이 났을까
너무 답답했었지
안절부절 했었지
한동안 못 만났지
서먹서먹 이상했었지

혹시 맘이 변했을까
너무 답답했었지

안절부절 했었지
밤이면 창을 열고
달님에게 고백했지
애틋한 내 사랑을
달님에게 고백했지
속절없이 화풀이를
달님에게 해대었지

―<한동안 뜸 했었지> 가사 전문(작사·작곡 이장희)

　　〈한동안 뜸했었지〉는 우리나라 최초의 펑키뮤직으로, 앨범 수록
곡 전체가 천재 기타리스트 최이철의 진수를 느낄 수 있는 불후의
명곡들로 채워졌다. 우리나라 록 역사에서 '사랑과 평화'가 가장 위
대한 밴드에 꼽히듯, '사랑과 평화'를 논할 때 최이철은 절대적 위치
에 존재한다.

열여섯 나이에 이미 미8군 무대에 진출했고, 한국인 최초로 AFKN 출연한 것이 이를 증명 한다.

그는 DNA부터가 남달랐다.
풍금연주를 아주 잘했던 조부를 위시로 수원고교 음악교사 출신의 부친 최경용은 재즈 트럼펫주자로 활약했고, 모친 이계원은 유명한 탭 댄서 겸 가수였으며 삼촌 최상용 역시 트럼펫으로 일가를 이룬 음악명문이다.

그런 명가에서 태어난 최이철은 이미 드러날 시간만 남은 낭중지추囊中之錐였다.
그 송곳이 세상 밖으로 드러난 건 열일곱 살 되던 때였다.
그는 친구들을 모아 4인조 밴드를 결성했고, 태양음반 사장의 주선으로 "유니버셜 프로덕션" 오디션을 통과하여 미8군 무대에 선다.
흡수력이 왕성한 때인지라 몇 달 뒤 그들의 실력은 몰라보게 늘어 있었다. 그들은 당시 동종업계 최대를 자랑하던 "화양 프로덕션"으로 전속을 옮겼고 '박활란 쇼'의 백밴드로 발탁된다.
'박활란 쇼'는 당시 무8군 무대에서 가장 인기 있는 쑈였다.

하지만 그는 그 인기에 안주하지 않았다.
'난 놈은 뭐가 달라도 다르다'는 말이 있다. 최이철이 그랬다.
세계 최고봉 에베레스트에 오르려면 아무리 뛰어난 등반가라도 맨몸으로는 오를 수 없다. 우수한 장비도 필요하고 정보와 지식도 있어야 한다.

그는 자신의 취약점을 정확하게 꿰뚫고 있었다.

최이철은 이화여대 교수로 재직 중인 이교숙을 찾아갔다.

당시 우리나라에서 실력 있는 연주자치고 이교숙의 제자가 아닌 이가 없을 정도로 우리 대중음악 발전에 크나큰 공로를 남긴 인물이다.

최이철은 이교숙에게 화성학을 배우며 이론도 갖추게 된다.

최이철이 일반무대에 선 건 그다음 해인 1970년이었다.

명동의 '오비스캐빈' 회현동의 '닐바나' 등 여러 고고클럽에서 연주 활동을 이어갔다.

그때 타악기의 전설 김대환이 최이철의 음악인생에 손을 대기 시작한다. 김대환의 주선으로 6인조 밴드 '아이들(영어이름: Idol)'이 탄생한 것이다. '71년 2월의 일이다. 이들은 일반무대와 8군무대를 오가며 활동했다.

하지만 이들의 활동은 오래가지 못했고 최이철은 김대환이 조직한 '김트리오'에 조용필과 함께 합류한다.

조용필과 최이철은 그 시절 치열한 선의의 경쟁을 벌였다 한다. 서로 자기가 모자란다고 느끼고 피나는 연습을 했다고 전해져 내려온다.

그 뒤 최이철은 '김트리오'에서 나와 '영 에이스'로 들어갔고, 그 자리를 이남이가 채웠다.

'영 에이스' 시절 최이철은 뒷날 '사랑과 평화'의 창단멤버가 될 인물들을 만난다.

바로 이철호(보컬)와 김태흥(드럼)이 그들이다.

최이철은 '북극성' 'Hot rock'에서 연주하다가 경북 왜관에서 그의 일생에서 가장 중요한 인물 가운데 또 한 사람을 만난다.

80년대에 편곡의 귀재로 이름을 날린, 편곡에 국한되지 않고 작곡은 물론 음반제작 전반에 뛰어난 능력을 발휘한 김명곤이다.

그들은 바로 마음이 통해 이남이, 김태흥, 이철호를 불러들여 5인조 진용으로 '서울 나그네'를 출범시키고 〈해뜰날〉〈내 마음은 풍선〉이 들어간 '고고 생음악 1집'을 취입한다. 이때가 1975년의 일이다.

'사랑과 평화'라는 이름의 밴드가 닻을 올린 건 1977년이다.

당시 대마초 사건 때문에 활동을 쉬고 있던 이장희가 '서울 나그네' 대신 '사랑과 평화'라는 이름을 지어주며 자신의 자작곡 〈한동안 뜸했었지〉의 취입을 주선하고 나섰다.

음반에는 이경애와 이원호라는 작곡가 이름이 등장하는데 이장희의 부인과 아들 이름이다.

공식 활동이 금지된 이장희는 자신의 이름을 올릴 수 없었다. 이철호와 이남이 역시 같은 처지여서 음반에는 이름이 빠졌다. 이남이 자리에는 이탈리아 연주인인 Sarvo의 이름이 대신 들어갔다. 그는 가수 나미가 있던 이탈리아 그룹 'Franco Nomano & Nami(나미와 머슴아들)'의 베이시스트였다.

〈한동안 뜸했었지〉는 최이철이 편곡자지만 김명곤의 이름으로 발표되었다. 뒷날 김명곤이 자발적으로 저작권협회를 찾아가 정정해주며 우애를 과시하기도 했다. 사랑과 평화! 그들은 분명 우리 가요가 존재하는 한 여전히 최고의 밴드로 남을 것이다.

메마른 세상을 촉촉이 적셔주는 사랑의 배달부
—The Marvelettes 〈Please Mr. post man〉

진화생물학자 리처드 도킨스Richard Dawkins의 말을 빌리자면, 세상의 모든 생명체는 유전자배달부에 불과하다 한다.

학문 여러 분야를 깊이 연구한 그가 생명의 기원을 '우주 도래설'에 무게를 두고 한 말이다.

'가장 전투적인 무신론자'라는 평을 듣는 그의 주장은, 생명체의 탄생이 지구 안에서 자연 발생적으로 이루어졌거나 창조에 의한 피조물이 아니라는 것이다.

이러한 그의 학문적 견해와 신념은 찰스 다윈이 『종種의 기원』을 펴냈을 때보다 격렬한 비난과 저항을 견뎌야 했다.

창조론적 신앙의 시작은 인류에게 자의식이 생길 때부터라고 보아야 할 것이다. 적어도 몇 만 년 동안 그렇게 믿어 온 그 신앙은 굳을 대로 굳어 그 어떤 모순도 덮어버릴 만큼 공고鞏固해졌고, 세상 사람들 절대 다수가 그렇게 믿고 산다.

아직은 세상의 흐름이 이러한 때에 그는 창조론을 정면으로 반박하고 나섰다. 더군다나 그것도 모자라 무신론의 확산까지 외치고 나선 것이다.

사실 무신론이 이론적 체계를 갖추고 조목조목 창조론에 맞설 수 있게 된 건 과학이 고도로 발달한 최근의 일이라 할 수 있다.

19세기 말에 프리드리히 니체가 자라투스트라라는 구도자를 내세워 기존의 창조주와 유일 신앙, 권력에 대하여 비판을 가하는데 이 저술이 촉매제가 되어 반反 창조론 적 논의가 활기를 띠게 된다.

하지만 이때까지만 해도 무신론은 그 누구의 입에도 오르내린 적이 없었고, 기껏해야 범신론汎神論[1] 정도가 가끔 대두될 뿐이었다.

산업혁명이 일으킨 기술혁명은 20세기가 시작되자마자 인류를 하늘로 띄워 올렸고, 급기야 20세기 중반에는 달나라에 발자국을 찍는 데까지 발전한다.

그 결과 하늘에는 천국이 없고 인간이 죽어서 간다는 그곳이 없다는 것을 알게 되었다. 그러자 진리를 알고 싶어 하고 호기심 많은 이들의 눈과 귀는 자연히 과학자들의 입에 쏠리게 된다.

아인슈타인 같은 대석학은 그의 한 마디가 엄청난 폭발력을 지녔기에 감당하지 못할 후폭풍이 염려되어 차라리 입을 다물 때도 많았다. 그렇긴 해도 워낙 언변이 뛰어나고 말하기를 좋아하는 아인슈타인인지라 입이 근질거려 가끔 자기 생각을 에둘러 나타내곤 했었다.

---

1) 범신론汎神論: 자연과 신이 동일하여 모든 자연은 곧 신이며, 신이 자연이라고 생각하는 종교관.

"종교 없는 과학은 불구이고 과학 없는 종교는 장님이다."

"경험할 수 있는 무언가의 배후에 우리 마음이 파악할 수 없는 무언가가 있으며, 그 아름다움과 숭고함이 오직 간접적으로만 그리고 희미하게만 우리에게 도달한다고 느낄 때, 그것이 바로 종교다. 그런 의미에서는 나는 종교적이다."

과연 천재다운 언변이다. 얼핏 들어서는 도무지 무슨 말인지 알아듣기가 어렵고 그 뜻을 알 수 있더라도 창조론에 정면으로 맞서는 무신론자가 아니라, 그 중간 어디쯤엔 가에 있는 범신론에 가까운 불가지론자不可知論者[2]로 보이게끔 한 것이다.

그랬지만 그는 창조론을 옹호하지 않았다는 이유로 끊임없는 비난에 시달려야 했다.

우리 지구를 '창백한 푸른 점Pale blue dot'으로 표현하여 화제를 모은 칼 세이건 역시 후폭풍을 고려하여 불가지론적 견해를 밝힐 수밖에 없었다.

유명인사 가운데 무신론을 자신 있게 드러낸 이는 빅뱅이론과 우주 팽창론의 스티븐 호킹을 효시로 볼 수 있을 것이다.

그는 "우주 어디에도 신이 개입한 흔적은 없다."며 당당히 자신의 견

---

2) 불가지론不可知論: 신神이나 어떤 초자연적인 존재가 있는지 없는지 알 수 없다는 철학관.

해를 밝혔고 그런 과학적 성과가 '가장 전투적인 무신론자'인 리처드 도킨스의 등장까지 이어지게 된 것이다.

이렇듯 천체물리학과 진화생물학 대가들의 주장을 취합해 보면 생명체 단서의 우주도래설이나 유전자배달부설이 설득력 있게 다가온다.

그동안 진리를 탐구하는 많은 이들이 '나는 무엇인가? 어디서 와서 어디로 가는가?'하는 명제를 안고 얼마나 헤매었던가?

이젠 내가 어디서 왔으며 어디로 갈 것인가를 그리고 무엇을 위해 살아야 하는가에 대한 답이 웬만큼 나온 것 같다.

진리란 간결하고 명쾌해야 하는 것.

복잡하지도 않고 어렵지도 않은 것이다.

감춰진 섭리가 있는 것도 아니기에 그냥 유전자 배달부답게 제 갈 길만 뚜벅뚜벅 가면 되는 것이다.

본분과 직분을 지키고, 남과 안 싸우고, 도둑질 안 하고 살다가 때 되면 마음에 드는 짝 만나 혼인하고, 아이들 낳아 잘 키우고, 화목하게 살다 가면 되는 것이다.

한 가지 더 보탠다면 유형이든 무형이든 후대를 위한 정신적, 문화적 자산을 남긴다면 더 말할 나위 없을 것이다.

나는 그리움이 많은 세월을 살아왔다.

행상 나간 엄마를 밤늦도록 기다리다 벽에 기대앉은 채 잠들 때도 많았다. 아편에 미쳐 종적 없이 떠도는 그 미운 아버지마저 그리울 때도 있었다. 엄마마저 떠나버린 강가 잔디밭에 앉아 건너편을 물끄러미 바라보는 것으로 하루를 마무리 짓곤 했었다. 신작로를 달려오는 빨간 자전거에 엄마 아버지 소식이 실려 있나 해서였다.

　그때부터 그리움을 싣고 오는 우체부 아저씨는 가장 반가운 손님이었다. 내가 그렇게 우체부 아저씨를 기다리고 있을 때, 그때는 알지 못했던 한 소녀도 내가 전해줄 유전자를 기다리고 있었으리라.

　　　잠깐만, 잠깐만 기다려 주세요, 우체부 아저씨
　　　저 좀 봐주세요
　　　혹시 그 가방 속에 제게 온 편지가 들지 않나요?
　　　오랫동안 기다렸어요
　　　제 남자 친구에게서 온 편지 말이에요
　　　틀림없이 오늘은 그 편지가 들었을 거예요
　　　멀리 있는 제 남자친구에게서 온 거 말이에요

　　　제발, 우체부 아저씨, 저 좀 봐주세요
　　　저에게로 온 편지가 있는지요?
　　　여기서 쭉 기다렸어요,
　　　참고 참으며 엽서나 편지를요
　　　그가 저에게로 돌아온다고 쓴 거 말이에요

　　　우체부 아저씨, 저 좀 봐주세요

혹시 그 가방 속에 제게 온 편지가 있나요?

오랫동안 기다렸어요

제 남자친구에게서 온 편지 말이에요

아저씨는 그동안 절 지나쳤지요

제 눈에 고인 눈물을 보세요

아저씨는 한 번도 저를 달래주질 않았죠

엽서나 편지를 주면서 말이에요

—<Please, Mr. Postman> 가사 전문(작사·작곡 조지아 도빈스, 윌리
엄 가렛, 브라이언버트)

1970년대 '미국의 소리'라는 극찬과 함께 최정상의 인기를 누렸
던 남매 듀엣 카펜터스가 불러 우리 귀에도 익숙한 〈Please Mr.
post man〉은, 그보다 훨씬 전인 1961년에 아프리카계 여성 사중
창단 The Marvelettes가 불러 히트시켰다.
'58년에 디트로이트에서 출범한 모타운 레코드의 첫 번째 빌보드
싱글차트 1위곡이다.

당시 디트로이트는 자동차의 빅3라 불리던 포드, 제네럴 모터스, 크라이슬러가 몰려있는 미국 최대의 공업도시였다.

그래서 사람들은 모터Moter와 타운Town의 두 단어를 조합해서 '모타운'이라 불렀고 그 명사를 레코드 회사 이름으로 사용하게 된 것이다.

마블레츠의 구성원인 네 명의 아가씨는 모두 디트로이트 교외에 있는 고등학교의 동창생들이다.

고교 재학시절 지역 노래자랑에 나가 준우승을 했는데 부상이 모타운 레코드의 오디션 응시자격이었다.

이들은 자신들의 자작곡인 〈Please Mr. post man〉으로 오디션에 응시하여 당당히 합격했고, 데뷔곡부터 연속 안타를 기록하며 회사의 기대에 한껏 부응했다.

이 노래는 나온 지 이태 뒤인 1963년에 비틀스가 재해석 해냈고, 1968년에 7인조 가족밴드 카우실즈Cowsills에 의해 다시 한번 조명됐다.

우리가 잘 아는 카펜터즈가 부른 건 1974년에 나왔다.

꿈도 앞으로 간다

—김상아

(1)
시간은 앞으로 간다
오늘이 가면 어제가 되고
내일이 와서 오늘이 된다

기억은 뒤에서 온다
시간이 과거를 끌고
이 순간까지는 오지만
오늘을 앞설 수 없다

(2)
아내가 유난히 뒤척인 밤 새벽이었다
"엄마. 성은이 안 들어왔지?
사고 나서 죽었대.
친구들이랑 놀러 가다가 차가 물에 빠져 다 죽었대."

아내는 바다를 사랑했다
자주 까막바위를 찾아
지그시 파도가루를 맞곤 했다

그날 이후로 아내의 그런 모습을 본 이는
아무도 없다

(3)
꿈 하나가 또 졌다
꽃망울 한 송이가 13층 옥상으로 올라가
스스로 대궁을 잘랐다
딸아이를 따라가겠다던 그 아이였다
소름 끼치는 숙명처럼 아내와 나는
하필 그 순간 그곳을 지나게 되었을까
육체의 소멸과 왜 또 마주하게 되었을까

(4)
이제 둘 남았다
밤낮으로 모여 재잘대던 꽃망울 다섯 가운데
벌써 세 송이가 졌다
공설묘지에 비석 하나가 며칠 사이에 또 늘었다
이번 아이는 정말 딸아이와 한 몸 같은 아이였다
딸아이에게 받은 선물들을 곱게 싸놓고
두 번째 아이에게 배운 방법으로 친구들을 따라갔다

아내는 바람을 사랑했다
때때로 하평언덕에 앉아

맨얼굴에 바람을 맞곤 했다
이제 아내의 그런 모습을 볼 수 없다
바람이 여편네들 수군거림을 전했기 때문이다
"저 여자가 성은이 엄마래."
"아이 둘이나 따라갔다며?"

누가 맡을 수 있으랴
저 속 썩는 냄새를
누군들 잴 수 있으랴
한숨의 그 깊이를
멀리서 파도소리 들릴 때마다
언덕 위로 바람 불어올 때마다
포근히 아내를 안는다

(5)
시간이 앞으로 흐르듯
우리도 앞으로 가야 한다
딸아이를 삼킨 바닷가에
다시 유람꾼들이 몰려와 환호하는 것도
꽃물이 흥건하던 13층 앞길에
아무 일 없었던 듯 바쁜 발자국이 찍히는 것도
다 시간이 앞으로 흐르기 때문이다

오늘은 어제가 되고
내일은 오늘이 되지만
어제가 내일이 될 수 없기에
지난 아픔은 묻어둔 채
앞으로 가야 한다

작사의 거성 반야월 이야기

—진방남 〈불효자는 웁니다〉

"어머니 어서 들어가세요. 꼭 성공해서 모시러 올게요."
"가더라도 비 그치면 내일 가거라."
"아닙니다. 마음먹었을 때 떠나야지요."

옆에서 눈물을 훔쳐내는 동생들에게 집안일을 당부한 뒤 스물한 살 청년 박창오는 그렇게 완행열차에 몸을 싣고 고향을 떠났다.
차창에 기대어 밖을 내다보니 떠나가는 그가 미운지 고향 산천들도 고개를 돌리며 돌아앉았다.

종가의 장남으로서 쇠락한 집안을 일으켜 보겠다는 신념으로 타관 길에 오르긴 했으나 미래에 대한 불안감이 밀려왔다.
박 청년은 이를 악물며 마음속으로 성공을 다짐했다.

어스름해서야 청주역에 내린 그는 주소 하나만 달랑 들고 물어물어 숙부님 댁을 찾아갔다. 전신국 기술자로 근무하는 숙부와는 이미 자신의 출향 의사를 서신으로 상담하였고 숙부도 도움을 주겠노라 약속한 상태였다.

"네 편지를 받고 고민해 보았는데, 너는 손재주도 좋고 하니 양복기술을 배워보는 게 어떻겠느냐?"

청년 박창오의 첫 타향살이는 그렇게 시작되었다. 어려서부터 노래를 잘 불렀던 그는 견습생 일이 고달플 때면 노래로 노곤을 달랬다.

그 소문은 입에서 입으로 퍼져나가 곧 청주 일대에서는 '노래하는 양복쟁이'로 통하게 되었다.

하루는 어느 신사가 청년 박창오를 가게로 찾아왔다.

"저는 빅타 레코드와 콜롬비아 레코드에서 작사를 하는 김익균이라합니다. 노래를 잘하신다 해서…"

그 작사가는 시인 김광균의 동생으로 박창오에게 '임해풍'이란 예명을 지어주고는 서울의 자기를 찾아오라는 말을 남기고 떠났다.

그 일이 있고 나서 박창오의 마음은 빵 반죽처럼 부풀어 올랐다.

그렇게 갈피를 잡지 못하고 지내던 차에 '빅타 악극단'이 청주 공연을 왔다.

"박형! 소문 들었어? 거 왜 있잖아 '빅타악극단'이 지금 '북일여관'에 머물고 있대."

황안성이었다. 그는 청주에 와서 사귄 친구로 주재기자였다.

그는 다짜고짜 박창오의 손을 끌고 그 여관으로 달려갔다.

과연 그곳에는 이름 석 자만으로도 오금이 저려오는 거물들이 묵고 있었다.

비윗살 좋은 그는 기라성 같은 이부풍, 이면상, 전수린 선생들에게

"에, 이 사람으로 말할 것 같으면 청주시내가 뒤집어질 만큼 노래를 잘하는 사람입니다."하며 소개했다.

허풍 같은 황안성의 말을 귓전으로 듣던 그들은 "얼마 전 김익균 선생께서 다녀가셨는데, 박군의 노래에 반해 '임해풍'이란 이름도 지어주시고 당장 올라오라는 말씀도 하셨습니다."는 황안성의 부연에 모두들 놀라며 그 자리에서 당장 노래를 시켰다.

노래를 마치자 작곡가 이면상은 〈빅타레코드〉 주소를 적어주었다.

그 박창오가 바로 뒷날의 인기가수 진방남이요, 작사계의 거성 반야월이다.

박창오가 서울로 갈 준비를 차근차근하고 있을 때 조선일보와 태평레코드가 주최하는 전국 콩쿠르대회가 열린다는 소식이 날아들었다.

박창오의 가슴은 다시 뜀박질을 했다.

그 콩쿠르에서 입상하면 당장 언론에 대서특필 될 테고, 음반회사에서도 적극적으로 밀어줄 테니 그냥 데뷔하는 것과는 천지차이였다.

마침 부잣집 아들이자 양복점 동료인 김을재가 자기도 참가하고 싶으니 같이 가자고 꼬드겼다. 모든 비용은 자기가 댄다는 것이었다.

그는 대회장인 경북 김천으로 달려가 당당히 우승을 거머쥐었다.

당장이라도 고향으로 달려가고 싶었다.

그러나 꼭 성공해서 어머니를 모시러 가겠다고 한 맹세를 되새기며 참을 수밖에 없었다. 이제 겨우 예비가수가 되었을 뿐, 아직 성공한 게 아니기 때문이었다.

이듬해인 1940년 그는 태평레코드와 정식계약을 맺고 싸구려 하숙집에서 취입 전갈을 당나귀 귀를 하고 기다렸다.

하지만 좀처럼 연락이 오지 않았다.

무료하기도 하고 조급해지기도 한 박창오는 그제야 이면상 선생이 떠올랐다. 북일여관에서 헤어진 뒤에 빨리 서울로 오라는 독촉이 있었으나 콩쿠르대회와 컬럼비아와의 계약문제 등, 정신없는 시간을 보내다 보니 그만 까마득히 잊고 지냈던 것이다.

그는 별생각 없이 주소를 손에 들고 빅타레코드를 찾아가 문을 두드렸다.

"아이고 박군, 왜 이리 늦었어. 얼마나 기다렸다고."

이면상을 비롯한 사무실에 있는 모든 이들이 그를 반갑게 맞았다.

빅타의 간판 작곡가 이면상과 전수린은 그 자리에서 자신들의 작품을 주며 취입을 서둘렀다. 곡을 받는 박창오는 하숙집을 회사 근처로 옮기고, 빅타에 출근하며 열심히 연습했다.

그러던 어느 날 태평레코드 직원들이 빅타로 쳐들어왔다.

"전국대회에서 1등에 뽑힌 태평의 왕자를 어디 빅타에서 날로 먹으려 드느냐?"며 난리가 난 것이다.

그 당시에도 이중계약으로 소동이 벌어지는 일은 종종 있었다. 이럴 경우 대부분은 가수가 희생양이 되어 피어보지도 못하고 사라지는 걸로 결말이 난다.

박창오 역시 절체절명의 위기를 맞았으나 구사일생으로 살아남았다. 모종의 뒷거래가 있었는지는 모르겠으나 박창오의 소속을 태평레코드로 하는 선에서 마무리되었다.

표면적으로는 원만한 해결로 마무리된 것이다.

'다 잡아 놓은 고기'라 태평하게 있던 태평레코드에선 뒤늦게 서두르기 시작했다. 정식으로 계약을 맺고 사장인 유상중에게 소개했다.

상견례 자리에서, "'박창오'란 이름은 '벽창호'로 들릴 수 있으니 이름을 바꾸는 게 좋겠다."는 사장의 의견에 따라 백년설, 박영호, 조경환 세 사람이 머리를 맞댄 결과 '진방남'이란 이름이 탄생하게 되었다.

그러나 진나라 진秦 자가 아뢸 주奏 자나 클 태泰 자와 생김새가 비슷하여 '주방남', '태방남'으로 불리기도 했다.

정식가수가 된 진방남은 김영일 작사 이재호 작곡의 〈불효자는 웁니다〉를 받아 맹연습에 들어갔다.

한 달여를 연습한 끝에 드디어 취입하러 오사카의 본사로 출발했다. 당시 진용은 가수들과 악사, 인솔자까지 스무 명이 넘었다. 여기저기 오사카의 명소를 구경하고 녹음 당일에 스튜디오로 향했다.

녹음실 앞에서 데뷔곡 〈불효자는 웁니다〉를 연습하며 순서를 기다리고 있는데 한 장의 전보가 날아들었다.

"모친 별세."

진방남은 바람 빠진 풍선처럼 그 자리에 주저앉고 말았다.

비 내리는 마산역에서 우산을 씌워 주시며 아들 앞에 닥쳐올 고난을 걱정하며 눈물짓던 어머니! 그때 그 모습이 어머니의 마지막 모습이었단 말인가? 숨이 멎도록 울고 또 울었다.

한걸음에 달려가야 하나 며칠씩 걸리는 먼 길이었다.

더군다나 개인의 사정 때문에 회사의 중대한 일정을 바꿀 수도 없는 처지였다. 주무를 맡은 작곡가 김교성은 그를 달래며 연기하자고 했으나, 그건 실현 가능성이 없는 말임을 그는 알고 있었다. 이제 막 입문한 신출내기가 녹음을 연기했다가는 그 기회를 어느 귀신에게 빼앗길 줄 모른다는 것도 알고 있었다.

그가 울면서 강행을 고집하자 김교성이 발 빠르게 움직여 가까스로 하루 연기의 승낙을 얻어냈다.

그때까지도 일행들은 그 비보를 알지 못했다.

결국 다음날 그는 매인 목을 풀지 못한 채 마이크 앞에 섰다. 그 상황에서 노래를 불렀으니 어찌 그 감정이 노래에 실리지 않았겠는가?

한 맺힌 목소리로 녹음한 그 노래는 듣는 이의 심금을 울렸다.

가수 진방남은 그렇게 데뷔하자마자 조선 최고의 일류가수가 되었다.

〈불효자는 웁니다〉는 마치 어머니의 죽음을 예견이라도 한 듯 모든 상황이 절묘하게 맞아떨어진 결과물이었다.

불러 봐도 울어 봐도
못 오실 어머님을
원통해 불러보고
땅을 치며 통곡해요
다시 못 올 어머니여
불초한 이 자식은 생전에 지은
죄를 엎드려 빕니다

손발이 터지도록 피땀을 흘리시며
못 믿을 이 자식의
금의환향 바라시고
고생하신 어머님이
드디어 이 세상을 눈물로 가셨나요
그리운 어머님

—〈불효자는 웁니다〉 가사 전문(작사 김영일 / 작곡 이재호)

진방남(본명 박창오, 필명 반야월, 추미림, 박남포, 남궁려, 금동선, 고향초, 옥단춘, 백구몽, 허구)은 1917년 경상남도 마산에서 밀양박씨 행산문중 종손으로 태어났다.

첫돌이 지났을 즈음 부친의 사업관계로 강보에 싸여 진해로 이사했다. 부친은 정미소와 납품업을 하여 사업을 일으켜 집안은 부유했으나 그건 잠시의 영화였다. 박창오가 진해농산학교에 2학년 때 부친이 사기를 당해 그 많던 재산이 송두리째 남의 손에 넘어가 버리고 말았다.

이때부터 박창오 집안의 고행은 시작된다.

남부여대하여 고향 마산으로 돌아왔으나 친인척과 주변 인물들의 눈길은 차갑기만 했다. 마산에서 온갖 궂은일을 다 해봤으나 신통치 않자 청주로 가게 된 것이다.

〈불효자는 웁니다〉는 처음엔 3절 가사로 된 노래였는데, 그 내용은 이렇다.

북망산 가시는 길 그리도 급하셔서
이국에 우는 자식 내 몰라라 가셨나요
그리워라 어머님을 끝끝내 못 뵈옵고
산소에 어푸러져 한없이 웁니다

일제 강점기 때는 대부분의 노래가 3절이었고, 후주도 전주 못지
않게 긴 노래가 많았다.

하지만 일제 패망 뒤 일본의 장비와 기술이 모두 철수하는 바람에
기술력이 떨어져 2절 노래가 대세를 이루게 되었다.

〈불효자는 웁니다〉는 2절 가사에서는 문법적 오류도 발견된다.

"드디어 이 세상을 눈물로 가셨나요"에서 "드디어"는 그렇게 되기
를 바라고 있었다는 뜻으로 비친다.

그래서 진방남은 뒷날 "한 많은 이 세상" 또는 "어이해 이 세상"으
로 고쳐 불렀다.

학창 시절 문학청년이었던 진방남은 '42년부터 작사가로 겸업하
며 작가의 꿈을 이룬다. 그가 그렇게 많은 필명을 사용한 이유는
'독식'이라는 비난을 피하기 위함이었다.

나중에 나이가 들면서 가수활동보다는 작사에 전념하여 우리 가
요계 최고봉의 자리에 올랐다.

그의 일생에 유일한 오점이라면 일제 말 군국가요를 부른 것이
다. 2010년 그는 그 사실을 인정하며 공식 사과했다.

그리고 이태 뒤인 2012년 3월에 부침과 영욕의 발자취를 남겨놓
고 먼 길을 떠났다.

인기가수의 숨겨진 노래들
—영화 〈갈매기 우는 항구〉의 주제가

우리는 종종 아내가 빚은 탁주 한 잔과 음악으로 산골살이의 고단함을 달래곤 한다.

우리 부부의 생각이 나뉘지 않고 합쳐지는 유일한 시간이다.

남들이 보기에는 음반이 많으니까 돌아가면서 한 번씩만 들어도 평생 다 못 들을 것 같다고 한다.

단순논리로 치면 그 말도 맞다.

하지만 음반이 그렇게 많아도 취향에 맞는 음악만 골라 들으니 목록(레퍼토리)이 뻔하다.

추리고 추리기 때문이다.

판이 천장이나 만장이나 들을 게 없기는 매한가지라며 투덜대니까 아내가 놓칠세라 비수를 꽂는다.

"보리밥이나 잡곡밥은 먹지 않고 쌀밥만 먹었으니 그렇지."

씹던 안주가 목에 걸리는 듯했다.

가슴에서 덜컥 소리가 나고 머리에서 '땅' 하는 소리가 들려왔다.

그랬나? 내가 그렇게 되었나?

역시 아내는 '지적질' 전문가였다.

"이눔아야! 전기 생각도 좀 하그라."

음악실에는 이미 빈 소주병 나뒹굴고 있었고 시각은 벌써 새벽 두 시를 넘고 있었다.

지금이나 그때나 나는 음악 없이는 술을 마시지 못한다.

대폿집에서 마시는 날에도 마지막은 늘 음악을 들으며 마무리했다.

어느 업소에서 일하더라도 그건 불문율이었다.

그러니 일자리를 옮기는 곳마다 주인들 인상이 안 찌그러질 리 없었다.

이 글에 나오는 업소는 동해안 어느 도시에 있는 음악 감상실로 나에게 가장 깊은 인상을 남긴 곳이다.

주인이 베토벤의 교향곡 9번을 좋아해 '넘버나인'이라 가게 이름을 지었다.

그 공간에는 주인네도 같이 살았는데, 실내가 제법 넓어 극장식 감상실과 휴게실 외에도 방이 넷이나 있어, 방 두 개는 주인 네가 쓰고 나머지는 디제이 여섯 명의 숙소로 쓰였다.

그 당시 다운타운 디제이들은 업소에서 숙식하는 게 기본이었다.

웬만한 음악다방에도 디제이가 서너 명은 되었는데, 여급(레지)들이야 누추하나마 방이 제공되었지만, 디제이들은 음악실(디제이 부스)에서 오글오글 모여 자는 경우가 많았다.

거기에 비하면 '넘버나인'은 호텔이었다.

"와, 니도 글케 쎄 빠지게 해가 방송국 드갈라꼬?"

경상도 출신의 주인아저씨는 입으론 잔소리를 하고 있었지만, 눈에는 격려의 빛이 고여 있었다.

그랬다. 나는 그 시절 음악을 구법求法으로 알았다.

거기에 진아眞我가 있고 '한소식'이 있으리라 믿고 만행을 떠나 날마다 새로운 길을 걸었다.

그 감상실에는 그때도 이미 일만여 장의 음반이 있었는데, 나는 광부가 되어 밤마다 소주병을 비워내며 찬밥 더운밥, 잡곡밥 가리지 않고 숨겨진 명곡들을 캐냈다.

그 결과 방송 진출의 꿈을 이루어 냈고, 우연인지는 몰라도 그 음악 감상실은 나 말고도 여섯 명의 방송진출자를 배출했다.

공교롭게도 일곱 명 가운데 다섯이 나와 같은 시기에 한솥밥을 먹던 인물들이다.

가위 '사관학교'라 할 수 있는 디제이 산실이었다.

자만심이랄까? 아니면 매너리즘의 느슨함일까?

아내의 지적질을 한 대 맞고 뒤를 돌아보니 구도의 길은 나도 모르는 어느 순간에 끊겨서 보이질 않는다.

아내 말마따나 그동안 쌀밥 같은 음악만 들으며 철퍼덕 퍼질러져 있었다.

세상은 넓고도 깊은 곳이다.

내가 아는 음악보다 모르는 음악이 훨씬, 그리고 어마어마하게 많다는 사실을 오랫동안 잊고 지냈던 것이다.

오랫동안 새로운 물이 흘러들질 않고 고여만 있었다.

광부의 절박함을 잊고 있었던 것이다.

다시 행장을 차리자. 사막을 걷는 자에게 오아시스는 잠시 쉬어가는 곳일 뿐 머물러 살 곳은 아니다.

새로운 풍경, 더 놀라운 세상을 찾아 떠나자.

　위 사진은 60년대에 유행의 한 축을 담당했던 형식의 12인치 음반이다.

　영화 주제가나 아무개 작곡집 같은 제목을 달고 발매되었는데, 영화음악 집이라 제목을 붙였어도 그 영화의 주제가나 삽입곡은 한두 곡이 고작이고 인기를 끌지 못한 곡들을 '끼워 넣기' 한 음반이 절대적으로 많았다.

　누구누구 작곡집 같은 음반도 마찬가지여서 간판 곡 한두 곡만 빼면 나머지는 역시 끼워 넣기였다.

　그러다 보니 팬들이나 수집가들의 주목을 받지 못하는데, 이런 음반들에서 뜻밖에 좋은 작품들이 많이 발견된다.

　독집음반 하나 내지 못하고 한두 곡 녹음한 뒤, 작곡사무실 근처를 맴돌다 사라져간 가수들의 노래도 많지만, 정상급 가수들의 숨겨진 노래들도 상당하다.

오늘 소개할 음반은 1964년에 상영된 영화 '갈매기 우는 항구'의 주제가가 들어 있는 음반이다.

영화는 흥행을 위해 광복절인 8월 15일에 맞추어 국제극장에서 개봉하였는데, 신상옥이 제작자로 나섰고 감독은 조정식이 맡았다. 출연배우로는 도금봉, 이대엽, 허장강에다 박노식 박노승 형제가 이름을 올렸다.

음반제작은 '미도파 음향공사'에서 이루어졌는데, 이 '미도파 레코드'는 1954년에 부산에서 출발하여 나중에는 '지구 레코드'로 간판을 바꿔 달고 우리나라 으뜸 음반사로 우뚝 서게 된다.

음반의 구성은 앞뒤 똑같이 여섯 곡씩 열두 곡이 들어있고 작사는 모두 월견초가 작, 편곡은 모두 이인권이 맡았다.

작사가 월견초는 한때 천재 작사가로 세상의 주목을 받았으나 요절하는 바람에 안타깝게도 그 명성을 오래 잇지 못했다.

1936년에 태어나 1974년에 세상을 떴으니 서른여덟 해를 살다 갔다. 하지만 그 짧은 기간에 3,000여 편의 시와 노랫말을 지었으니 '천재'라는 소릴 들어도 전혀 어색하지 않다.

본명은 서정권이고 밀양 태생이다.

작·편곡의 이인권은 가수로 출발하여 점차 작곡가와 연주자로 그 영역을 넓혀나간 만능 음악인이다. 데뷔 초기에는 남인수 대역가수로 활동하기도 했다.

3.1만세운동이 일어나던 1919년에 함경북도 청진에서 임영일이란 이름으로 태어나 1973년에 눈을 감았으니 곱게 놓아 주기엔 아쉬움이 많이 남는 나이였다.

'미는 곡'은 역시 표지의 제목과 같은 영화 '갈매기 우는 항구'의 주제가 두 곡이다. 간판 곡은 남일해가 부른 〈갈매기 우는 항구〉로 1면 첫머리에 자리했고, 부주제가 겪인 이미자의 〈몸조심 하세요〉가 2면 머릿곡이다.

좀 더 들어가서 얘기하자면 남일해의 노래가 세 곡, 이미자 것이 세 곡, 최숙자 두 곡, 백야성 두 곡, 신동석 것이 두 곡으로 짜여져 있다.

여기서 우리가 주목할 것은 이미자 노래 세 곡이다.

다른 노래들은 첫 소절부터 그 가수의 특색이 그대로 드러나 가수가 누구라는 걸 바로 알 수 있지만, 이미자 노래들은 이름을 말해주기 전에는 알아맞히기 어려울 정도로 획기적인 변화를 준 곡들이다.

우리가 알고 있는 이미자는 '엘레지의 여왕'이라는 별명답게 구성진 창법이 전매특허다. 그리고 높은 음도 가성 없이 편안하고 풍성하게 낸다.

물론 1959년 데뷔 당시부터 '동백 아가씨' 조의 창법이 완성된 것은 아니었다. 〈동백 아가씨〉가 히트할 때까지 한 5년 정도는 정체성을 찾아 트로트 말고도 재즈를 비롯해 여러 장르의 노래를 부르긴 했다.

하지만 그런 노래들은 장르만 바뀌었을 뿐 이미자라는 걸 바로 알아차릴 수 있다.

그런데 이 음반에서 부른 노래는 그런 것과는 사뭇 다르다.

세련미를 주기 위해서인지 서구적 창법을 받아들여 샹송 풍을 구사하고 가성도 쓴다.

탱고와 보사노바도 도입했고 목소리에 힘도 필요 이상으로 과하다는 느낌이 든다. 정체성을 찾기 위한 '오디세이'[1]라 하기엔 조금 개운치 않은 구석이 없지 않다.

왜냐하면 이 음반이 〈동백 아가씨〉와 같은 해인 1964년에 나왔다 치더라도 녹음이 된 건 〈동백 아가씨〉보다 늦기 때문이다.

창법이 이렇게 바뀐 건 아마도 작자의 강권이 있었지 않았나 싶다. 당시의 가수들은 작곡가의 요구에 좋으니 싫으니 할 입장이 못 되었다.

데뷔 당시 이미자는 나화랑(본명 조경환)에게 발탁되어 반야월(본명

---

1) 오디세이: 방랑과 모험의 항해.

박창오 가수명 진방남)의 노랫말을 받았는데, 그때는 '이미자 류'가 확립되지 않았었다. 몇 해 뒤 작사가 한산도, 작곡가 백영호와 황금 콤비를 이루면서 〈동백 아가씨〉 조가 완성된다.

속사정이야 어찌 되었든 이 음반에서 이미자의 감춰진 보석을 캐내는 행운을 얻었다.
보석을 캐내는 건 이번 한 번만이 아닐 것이다.
세상에는 아직도 수많은 광맥이 깔려 있기 때문이다.
나에게는 목숨이 다하는 그 순간까지라는 시간이 있다.
광부 행장으로 문을 나선다.

[수록곡]

 1면

1. 갈매기 우는 항구 – 남일해
2. 에리자 – 남일해
3. 만포선 편지 – 최숙자
4. 현해탄 달밤 – 백야성
5. 촛불을 밝혔어요 – 이미자
6. 십자로 – 신동석

 2면

낯선 길에서

—유재하 〈가리워진 길〉

(1)

늘 낯선 길을 걷고 싶었다.

자주 지나치는 길일지라도 골목골목 다 알 수는 없기에 어쩌다 운 좋은 날은 처음 보는 골목길을 만날 때도 있었다. 그럴 때면 마음속으로 빌었다.

그 모르는 길이 끝없이 이어지고 이어지기를.

(2)

낯선 배를 탔다.

"니는 모르는 안데 어데 가나?"

사공에게 무어라 둘러댔는지는 기억이 잘 나질 않는다.

아이들이 몇 타고 있었으나 아는 얼굴은 하나도 없었다. 같은 학교지만 사는 동네도 다르고 나보다 위 학년이라 그랬을 것이다.

배에서 내리자마자 아이들은 날다람쥐처럼 뽀르르 토끼 길로 사라져버려 순식간에 나 혼자만 남았다.

위를 쳐다보니 천길만길 깎아지른 절벽이 버티고 있었다.

강 건너에서 볼 때와는 확연히 달랐다.

나는 그 아이들의 냄새로 갈지자 산길을 올랐다.

'길은 하나만 있는 게 아니다.'

그 진리의 말은 산길에도 적용되는 말이었다.

중턱쯤 오르니 양 갈래 길이 나왔다. 나의 지남력指南力이 시험대에 오르는 순간이었다. 나는 등성이 위로 오르는 길과 산허리 쪽으로 비스듬히 난 길 가운데 옆길로 접어들었다.

생사의 갈림길에서 내린 나의 첫 번째 선택은 잘못된 선택이었다.

조금 더 들어가니 시커먼 탄굴이 나왔다. 그 채탄 굴은 하나가 아니었다. 위로 아래로 옆으로 여러 군데 들쑤셔 놓았고 각 굴과 굴을 연결하는 길이 그물처럼 펼쳐져 있었다.

나는 그 굴들이 누군가 탄맥을 찾기 위해 팠다가 경제성이 떨어져 방치한 것이란 걸 다 큰 뒤에야 알게 된다.

부스럭! 주먹만 한 돌멩이가 위에서 굴러오더니 내 옆을 스치며 밑으로 떨어졌다.

"누구래요!?"

"푸드득! 꿔꿔꿔…" 내 고함에 장끼가 날아올랐다.

아마 산양이거나 노루가 지나가다가 돌을 건드린 모양이었다.

당연히 무서워해야 했다. 엄마를 부르며 주저앉아 울어야 했다.

그러나 나는 조금도 무섭지 않았다. 이 굴 저 굴 들여다보며 오히려 야릇한 행복감마저 들었다.

그때 내게서 남보다 나은 재주 하나가 밖으로 삐져나온다.

(여기 길들은 나중에 하나로 모아져 밑으로 내려가는 길일 것이다.

무거운 석탄을 위로 나르진 않았을 테니까.)

나는 내 발자국을 따라 되돌아 나오기로 했다.

석탄 쪼가리가 쌓인 비탈길은 매우 미끄러웠다. 다 닳은 고무신은 디딜 때마다 미끄러져 어떤 때는 몇 길씩 미끄러졌다가 다시 기어 올라오곤 했다.

처음 길로 다시 나와 흐르는 땀을 훔치니 탄가루로 소매가 숯 검댕이 같았다.

(3)

산마루에서 내려다보는 '여우내'는 그 어린 눈에도 충격을 주기에 넘치고도 남았다. 사방이 산으로 둘러싸인 분지여서 마을이 함지박 안에 들어앉은 것 같았다.

우리 마을은 강 건너에서 수평으로 바라보아야 전경을 볼 수 있지만, 위에서 사선으로 내려다보는 마을 풍경은 그야말로 장관이었다.

마을 뒤쪽으로 끊임없이 이어지는 산봉우리들을 바라보니 가슴이 부풀어 터질 것 같기도 하고 고추씨만 하게 쪼그라들 것 같기도 했다.

(저 산 아래는 어디일까? 누가 살까?)

밭이 보이기 시작했다.

나보다 몇 길이나 큰 수수대궁 위로 참새가 나는 걸 보니 가까이에 집이 있는 모양이었다.

참새는 사람 사는데 산다는 할머니 말씀을 떠올렸다.

마을에 들어선 나는 물어물어 큰고모네 마당을 밟았다.

서산의 해는 이미 반쪽만 남아 있었다.

한 번 지나간 길을 다시 돌아온다는 건 나에겐 까놓은 군밤 먹기보다 쉬운 일이었다.

"야는 학교는 댕기지만 일찍 드가서 상구 언나여. 그르이 느들이 잘 델꼬 가그라."

고모는 동네 아이들에게 신신당부하며 늦 강냉이를 쪄서 한 통씩 손에 들려주었다.

유광선이 새색시네 친정에서 웬 조막만 한 손님이, 고슴도치 구르듯 혼자 오더라는 소문이 밤새 좁은 골 안에 좍 퍼진 모양이었다. 마당을 나서기도 전에 벌써 동네 어른들이 구경났다고 몰려들었다.

"멧살이나?" "증말 혼지 왔나?" "안 무숩드나?"

나는 아무 걱정 말라는 듯 으스대며 동네 아이들보다 앞서 산토끼처럼 내달았다.

내가 그렇게 까마득한 상공에서 땅을 내려다보는 건, 그때 말고는 40여 년 흐른 뒤 비행기에서일 것이다.

학교 앞산 절벽 위에서 내려다보니 건너편 백사장에 개미들이 무더기로 오글거리는 게 보였다. 그 얼룩개미들은 죄다 우리를 올려다보고 있었다.

"야, 니 땜에 온 면이 발칵 두잡어 졌다. 쪼만한 기 겁도 읍시!"

배에 오르자마자 사공이 야단을 쳤다.

교장선생님과 지서장, 면장에다가 우리 할머니에게까지, 모르는 아이를 배에 태워 건너게 했다고 욕을 바가지로 얻어먹었다며 씩씩거렸다.

그날 나는 선생님 손에 이끌려 각 교실을 돌며 정신교육 교재가 되었다.

우리 나이로 일곱 살 때였다.

(4)

뭔가 불편했다.

여럿이 한 방에 끼어 자는 거야 늘 있어왔던 일이라 특별히 불편할 건 없지만, 아무리 친척 집이라도 엄마가 없다는 건 참아내기 어려운 불편함이었다.

더군다나 사골국물에다 쇠고기를 넣고 끓인 느끼한 떡국도 속을 불편하게 하는 데 한몫했다.

"아유, 예쁘게도 생겼네. 저 똘망똘망한 눈 좀 봐 꼭 서울 아이 같네."

"걱정 말고 많이 먹어. 이따가 낮에 엄마가 데리러 올 거야.

네가 어제 저녁에 깊이 잠들어서 할 수 없이 너를 두고 갔어.

여기는 엄마마저 잘 데가 없거든."

친척 식구들은 돌아가면서 한마디씩 했다.

나는 변소에 간다며 슬그머니 그 집을 빠져나왔다.

설날이라 거리는 한산했다. 다시 한번 나의 지남력指南力이 시험대에 오르는 순간이었다.

나는 어제 저녁에 버스를 타고 가면서 눈여겨보았던 간판들을 이정표 삼아 엄마가 묵고 있는 다른 친척집을 찾아갔다.

"너 정말 혼자였어? 야단 안 칠 테니 이 아저씨에게 솔직하게 말해봐. 다른 어른이 너에게 맛있는 거 사준다고 꾀어서 따라갔지? 그 사람 잡아서 혼내주려고 그러는 거니까 걱정 말고 말해."

내가 아무리 말해도 순경아저씨는 믿지를 않았다.

도대체 말이 되느냐는 것이었다.

서울에는 단 한 번도 와본 적이 없는 산골꼬마가, 그것도 낮도 아닌 저녁에 갔던 길을, 더군다나 걸어서 간 것도 아니고 버스를 타고 갔던 길을, 걸어서 옥수동 산꼭대기에서 금호동을 거쳐 창신동까지 되돌아온다는 게 있을 수 있냐는 것이었다.

도저히 믿을 수 없다던 순경아저씨도 내 대답이 일관되고 자세한 경로를 듣더니 고개를 절레절레 흔들며, 몇 마디 주의의 말을 남기고 실종사건을 마무리 지었다.

이렇게 나의 한양 입성 신고식은 제법 뻑적지근하게 치러졌다.

여덟 살의 첫날이었다.

(5)

일어나자.

오지 않는 그녀를 내가 이렇게 녹아내리면서까지 무작정 기다리고 있을 일이 아니다. 길을 찾아야 한다.

지금까지 땅 위의 길은 잘 찾으며 살아온 내가 아니더냐.

이제 나의 모든 것이 걸린 가장 중요한 길을 찾아내야 할 때다.

후줄근한 옷을 주섬주섬 걸치고 소주병과 라면 냄비가 나뒹구는 침침한 골방에서 빠져나왔다. 퀭한 눈을 치켜뜨고 하늘을 올려다보니 식초 뿌린 듯 시려왔다.

시내로 들어가는 버스에 올랐다. 해는 어느덧 한강철교 위에 가로누웠고, 용광로에서 방금 쏟아져 나온 시뻘건 쇳물은 강을 채우고 느릿느릿 흘러가고 있었다.

남대문에서 내려 점잭이 거리를 지나 도큐호텔을 바라보며 남산으로 올랐다.

어린이회관 앞 가파른 계단을 올라 식물원에 다다르니 벌써 가로등이 원뿔 고깔을 만들어 놓고 있었다. 후들거리는 걸음으로 올라간 팔각정에는 이미 인적이 끊겨 있었다.

나를 키워준 이 도시가 한눈에 내려다보이는 곳에 서면 내가 가야할 길이 보일 것도 같았다.

하늘에는 별들이 길에는 가로등이 상점에는 네온이 전등을 켜기 시작했다.

이 도시에 처음 오던 때가 떠올랐다.

저기 청계천 가 부엌도 없는 판잣집 단칸 셋방에서 우리 모자는 서울살이를 시작했지.

그 판자촌이 철거될 때 쫓겨 간 곳이 저 어슴푸레 보이는 관악산 자락이고,

디제이를 한담시고 쌀쌀 쏘다녔던 명동, 종로 그리고 아스라이 보일 듯 말 듯한 영등포.

내가 국방의 의무를 마쳤던 '수도경비 사령부' 그리고 그리고 그리고…

나의 독백은 거기서 멈출 수밖에 없었다.

그녀와 찍었던 수많은 발자국들, 그 많은 사연을 떠올리기도 전에 통곡이 벌써 그 회상의 길을 막았다.

한기寒氣가 밀려왔다. 지우개에 지워지는 소묘처럼 산 하나가 순식간에 안개에 지워졌다. 가로등이 지워지고 희미한 산책로가 지워지고 눈가의 눈물도 지워졌다.

그래, 이 도시를 떠나 다시 낯선 길 위에 서자.

지금부터 우리 둘의 문제는 그녀의 시간이다.

그녀의 말처럼 정말 우리 만남이 운명적이라면 내가 어느 곳에 가 있더라도 그녀는 날 찾아올 것이다.

깨진 바가지 꿰매려고 초라해지지 말자.

땅 위의 길이 지워지고 나니 가려진 길이 보이기 시작했다.

서른 살 가을이었다.

보일 듯 말 듯 가물거리는

안개 속에 싸인 길

잡힐 듯 말 듯 멀어져가는
무지개와 같은 길
그 어디에서 날 기다리는지
둘러보아도 찾을 수 없네
그대여 힘이 돼주오
나에게 주어진 길
찾을 수 있도록
그대여 길을 터주오
가리워진 나의 길

이리로 가나 저리로 갈까
아득하기만 한데
이끌려 가듯 떠나는 이는
제 갈길을 찾았나
손을 흔들며 떠나보낸 뒤
외로움만이 나를 감쌀 때
그대여 힘이 돼주오
나에게 주어진 길
찾을 수 있도록
그대여 길을 터주오
가리워진 나의 길

―유재하 <가리워진 길> 가사 전문(유재하 작사·작곡)

만능 재주꾼 유재하는 1962년 6월 6일 경북 안동의 하회마을에서 태어났다. 탄광업을 하던 부친은 집안이 부유해지자 서울로 이사하여 유재하는 어려서부터 서울에서 자랐다.

　은석국민학교 5학년 때부터 시작한 기타는 삼선중학교에 들어갈 즈음엔 이미 수준급에 올라 있었다.

　하지만 그때는 집안의 권유로 대중음악은 뒤로하고 음대진학을 위해 클래식을 공부했다.

　대일고 시절부터 다시 대중음악에 빠져들어 클래식은 뒷전이었다.

　1981년 한양음대 작곡과에 진학한 유재하는 전태관, 김종진, 박성식, 장기호, 정원영 등과 연주하며 대중음악연구에 빠져들었다.

　유재하는 대학시절 이미 '조용필과 위대한 탄생'에 건반주자로 발탁되며 실력을 인정받았으나 두어 달 정도 활동하고 나와야 했다.

　순수음악을 전공하는 재학생의 대중음악활동을 금지하는 학칙 때문이었다.

　학업과 군복무를 마친 1986년 김현식의 '봄 여름 가을 겨울'에 건반주자로 들어갔으나 6개월 뒤 다시 나왔다.

　자신의 곡을 둘러싸고 김현식과 생각의 틈이 생긴 게 그 이유였다.

김현식과 헤어진 유재하는 자비로 출반 준비를 하여 이듬해 8월 데뷔 음반이자 유작 음반이 된 1집을 내놓게 된다.

그 음반이 알려질 조짐이 보이던 10월 31일 밤, 그는 동창회에 갔다가 친구가 모는 차에 탄 것이 그만 다시는 집으로 돌아오지 못하는 이유가 된다.

만취 상태였던 유재하는 역시 만취한 친구의 음주운전을 말릴 판단력도, 탑승을 거절할 자제력도 이미 잃은 상태였다.

사망 시각은 자정을 넘긴 때여서 11월 1일로 기록되었다.

그의 나이 스물다섯 살 때였다.

동작골 노래꽃 피는 집

김상아 지음

발행처   도서출판 청어
발행인   이영철
영업   이동호
홍보   천성래
기획   육재섭
편집   이설빈
디자인   이수빈 | 구유림
인쇄   정우인쇄

등록   1999년 5월 3일
         (제321-3210000251001999000063호)

1판 1쇄 발행 2025년 12월 19일

주소   서울특별시 서초구 남부순환로 364길 8-15 동일빌딩 2층
대표전화   02-586-0477
팩시밀리   0303-0942-0478
홈페이지   www.chungeobook.com
E-mail   ppi20@hanmail.net

ISBN   979-11-6855-412-2(03810)

이 도서는 강원특별자치도, 강원문화재단 후원으로 발간되었습니다.

본문 사진: 김민서